KB123647

니체 vs 바그너

세창프레너미Frenemy 003

니체 vs 바그너

초판 1쇄 인쇄 2019년 2월 22일
초판 1쇄 발행 2019년 3월 2일

—

지은이 정영도
펴낸이 이방원
편　집 윤원진·김명희·안효희·강윤경
디자인 손경화·박혜옥　**영업** 최성수　**마케팅** 이미선

—

펴낸곳 세창출판사
신고번호 제300-1990-63호
주　소 03735 서울시 서대문구 경기대로 88 냉천빌딩 4층
전　화 723-8660　**팩　스** 720-4579
이메일 edit@sechangpub.co.kr　**홈페이지** http://www.sechangpub.co.kr/

—

ISBN 978-89-8411-800-3 93160

이 도서의 국립중앙도서관 출판시도서목록(CIP)은 서지정보유통지원시스템 홈페이지(http://seoji.nl.go.kr)와
국가자료공동목록시스템(http://www.nl.go.kr/kolisnet)에서 이용하실 수 있습니다. CIP제어번호: CIP2019003619

니체 vs 바그너

정영도 지음

세창출판사

19세기 이래 현대철학에서 니체를 능가하는 철학자는 없다. 니체는 현대철학에 귀속하는 대부분의 철학적 학파나 철학사상 및 철학자에게 커다란 영향을 미쳤으며 지금까지도 그 영향력은 유효하다. 음악 분야에서 리하르트 바그너는 베토벤, 모차르트와 같은 반열에서 현재까지도 지속적으로 엄청난 영향을 미치고 있다.

니체와 바그너, 두 천재는 예술철학의 영역에서 밀물과 썰물처럼 일치와 불일치를 형성하기도 했고 개인적인 우정을 주고받으며 이른바 별들의 우정Sternenfreundschaft을 나누기도 했다. 초저녁에 하늘에 뜬 두 별이 아주 가까이서 사이좋게 미소를 던지며 반짝이다가 한밤을 지나 여명을 향해 가면서 멀어져 결국 동틀 무렵 완전히 결별하여 상반된 길로 사라져 버린 별들의 우정, 그것이 니체와 바그너라는 위대한 두 천재가 역사에 남긴 흔적이다.

저자는 이 두 천재가 서로를 어떻게 생각하고 비판했는지, 무엇때문에 그토록 깊고 따뜻했던 우정이 미움으로 변했는지, 그들이

4

각자 생각했던 예술철학이 어떤 점에서 달랐는지를 각종 문헌에서 추출하여 이 책에 진열해 보았다. 저자는 이 과정에서 주로 프란츠 페테르 후데크Franz-Peter Hudek의 *Die Tyrannei Der Musik*(Verlag Königshausen & Neumann, Würzburg 1989)와 마르틴 포겔Martin Vogel의 *Nietzsche und Wagner*(Verlag für Systematische Musikwissenschaft GmbH, Bonn 1984)에서 기술되고 있는 내용들을 토대로 삼아 요약하고 해설했음을 밝힌다.

날이 갈수록 황폐해지고 사막화되어 가는 한국의 독서계를 바라보면서 가볍지 않은 저작물의 출간에 기꺼이 투자하는 세창출판사에 존경을 드린다.

2019. 2.
정 영 도

 차례

제1장

니체와 바그너

1
운명적인 만남

    1800년대 후반기 철학과 음악세계에 등장하여 철학의 흐름을 바꾸어 놓고 미래의 음악을 제시한 천재들이 있다면 철학에서는 프리드리히 니체Friedrich Nietzsche이고 음악에서는 리하르트 바그너Richard Wagner이다. 니체는 "신은 죽었다Gott ist tot"라고 주장하면서 일체의 가치체계를 파괴하고 그 자리에 새로운 가치인 '위버멘쉬Übermensch'를 제시했다. 바그너는 니체보다 31년 먼저 태어나 쇼펜하우어Arthur Schopenhauer의 사상에 힘입어 새롭게 '가극Musikdrama'을 창출함으로써 니체에게 '철학함'의 바탕을 제시해 주었다.

    대학을 다니는 도중 그리스비극에, 그리고 쇼펜하우어의 의지의 형이상학에 심취하면서 바그너의 가극과 오페라에 매료되어 있었던 니체에게 바그너는 예술철학의 아버지인 동시에 음악정신의 최고 형식으로서 비극의 스승이었다. 대학 졸업반에서 문헌학 관련 박사학위 논문을 쓰던 무렵 우연히 알게 된 바그너는 니체에게는 한 평생 잊을 수 없는 사상적 은인이자 온 생명을 바쳐 싸워야만 했던 위대한 적이었다.

그러므로 니체와 바그너의 인간관계는 니체 자신이 표현한 바와 같이 초저녁 하늘에 사이좋게 만나 속삭이듯 가깝게 지내다가 동이 트는 여명을 향해 가면서 점점 등을 지며 서로 상반된 방향으로 멀어져 버린 별들의 우정Sternenfreundschaft으로 규정되기도 했다. 니체와 바그너가 보여 준 별들의 우정은 오늘날까지도 언급될 정도로 너무나도 드라마틱한 사건으로서 세계인들의 이목을 집중시키고 있다.

"자네는 삶이 나에게 가져다준 유일한 선물이다"라고 말한 바그너, 그리고 "바그너는 다른 시대에 앞서서 보내어진 사자使者, Bote이다"라고 말한 니체 ― 이 두 천재의 관계는 니체가 자기의 저서인 『바그너의 경우Der Fall Wagner』에서 "배우 바그너는 한 사람의 폭군이다"라며 폭언을 던질 정도로 파국에 이르게 된다.

1868년 11월 8일 라이프치히Leipzig대학 문헌학과의 학생이었던 24세의 니체는 라이프치히대학 동양학 교수인 헤르만 브로크하우스Hermann Brockhaus의 집에서 처음으로 바그너를 알게 되었다. 니체를 소개받은 바그너는 그리스 비극정신에 대한 니체의 이해로부터 깊은 인상을 받고 니체를 더욱 알고 싶어 했다. 특히 바그너는 니체의 박사 지도교수인 리츨의 부인 소피 리츨Sophie Ritschl로부터 니체야말로 바그너의 《마이스터징어Meistersinger》에 심취해 있다는 이야기를 들었기 때문에 더욱 니체에게 커다란 관심을 가졌다. 이러한 인식과 관심에 부응이라도 하듯 니체는 바그너와의 첫 만남에서 엄청날 정도로 감격했다. 아직 대학에 재학하고 있던 청년으로서 바그너라는 이름만 들어도 존경하는 마음으로 가슴 벅차던 당시에 바그너를 직접 대면해 음악에 대해 논의한다는 것이 여간 감격스럽지가 않았다(FN, 38).

바그너는 그날 《마이스터징어》 가운데 약간의 멜로디를 연주하여 들려주는가 하면 쇼펜하우어의 사상에 관하여 논의하기도 하고, 아직 집필 구상 중이던 자신의 전기 가운데 일부분을 성심성의껏 이야기해 주기도 했다. 니체는 바그너의 열변을 통해 강렬한 영혼의 변화를 느꼈다. 마치 마법에 걸린 듯했다.

그다음 날인 1868년 11월 9일에 니체는 자기의 벗인 에르빈 로데 Erwin Rohde에게 그날의 감동을 다음과 같이 써서 보냈다.

"나의 기분은 이날 현실적으로 소설을 읽은 것 같았네. 이러한 첫 만남에서, 말하자면 가까이 갈 수 없는 천재를 알게 되는 만남에서 마치 내가 동화 속에 들어온 그런 기분을 느꼈네. … 그는 대단히 활기차고 불같은 사람으로서 말을 아주 빨리하고, 매우 위트가 넘쳤고, 이런 형태의 모임을 아주 유쾌하게 만들 수 있다고 생각하네. 나는 오랫동안 그와 함께 쇼펜하우어에 관해서 대화를 나누었네. 그 대화가 얼마나 즐거웠는지 자네는 대략 짐작하겠지! 바그너는 이루 말할 수 없는 열의로 쇼펜하우어에 관해서 말해 주었

으며, 그가 쇼펜하우어로부터 무엇을 얻고 있고 쇼펜하우어야말
로 얼마나 음악의 본질을 인식한 유일한 철학자인가를 알 수 있었
네"(N, 31).

1869년 4월에 니체는 바젤대학에 고전문헌학 교수로 취임하고
곧이어 5월 17일에 바그너가 (그때까지만 해도 연인에 불과했던) 코지마
바그너Cosima Wagner와 함께 살고 있던 트립셴Tribschen 별장을 처음 방
문했다. 그 이후 니체와 바그너의 인간관계는 한층 더 돈독해졌다.
1872년 4월 29일 바그너 부부가 바이로이트Bayreuth로 거처를 옮길
때까지 3년 동안 니체가 트립셴 별장을 방문한 횟수는 23회에 이른
다. 바그너가 트립셴 별장에 머무르던 당시에 바젤대학 교수로 재
직하던 니체는 바그너에게 자기의 음악정신의 대변자이면서 찬양
자인 동시에 가까운 가족의 일원으로 생각되었다. 바그너가 오케스
트라 지휘자로 순회연주차 장기간 집을 비울 때는 니체와 그의 여
동생인 엘리자베트 니체Elisabeth Nietzsche에게 트립셴 별장을 맡길 만큼
아주 가까운 관계를 유지하고 있었다. 트립셴에서의 만남을 통해
니체는 바그너가 쇼펜하우어가 『의지와 표상으로서의 세계Die Welt
als Wille und Vorstellung』에서 말하던 '천재'인 것 같아 황홀 그 자체를 경
험했다.

"쇼펜하우어가 '천재'라고 일컬은 인간상이 바로 여기 내 앞에 실
제로 나타났네. 그는 심오하고 경탄스러운 철학으로 충만해지고

있다네. 그는 다름 아닌 리하르트 바그너네. 자네는 신문이며 음악가들이 쓴 책들에서 보는 그런 바그너 비평을 믿어서는 안 되네. 어느 누구도 그를 모르며 어느 누구도 그를 평가할 수 없네. 왜냐하면 온 세상이 전혀 온당치 못한 근거에 의존하고 있고 그의 분위기에 익숙하지 못하고 있기 때문이네. … 내가 바그너의 곁에 있으면 나는 마치 신적神的인 것의 곁에 있는 것처럼 느껴지네(N, 43). … 우리들의 하늘에는 구름 한 점 스쳐 지나가지 않았네"(NWB, 1090).

바그너의 음악과 카리스마에 흠뻑 빠져든 니체가 트립셴 별장을 자기 집 드나들듯 자주 방문할 수밖에 없었던 이유는 니체가 바그너와 함께 살고 있었던 코지마 바그너의 우아한 인격과 교양과 기품에 매료되었기 때문이었다. 더욱이 바젤에서 니체의 교수생활을 돕던 여동생 엘리자베트 니체도 코지마 바그너의 고상한 취향, 사람을 끌어당기는 부드러운 대화술, 뛰어난 요리솜씨 그리고 패셔너블한 의상에 넋을 잃을 정도로 빠져들었기 때문에 니체의 잦은 트립셴 방문은 당연한 것이었다.

리하르트 바그너와 함께 음악정신의 최고의 발전적 형태로서 비극과 쇼펜하우어의 '삶에의 맹목적 의지'에 관해 논의하는 가운데 가까이서 마음속으로부터 사모하던 코지마 바그너와 대화하는 영광은 바그너와의 관계를 더욱 심화시켜 나가게끔 했다. 그러므로 니체는 바그너와의 사귐을 자기의 삶에 있어 소중하고 값진 사건으로 생각하고 있었다.

"내가 나의 삶의 휴양에 대해 이야기하자면 이제까지 나의 삶에서 가장 마음으로부터 휴양이었던 것에 감사를 표현하지 않을 수 없다. 그것은 의심할 나위 없이 리하르트 바그너와의 친숙한 만남이었다. 나에게 바그너와의 만남에 비하면 다른 사람과의 만남은 무가치하다. 바그너와 만났던 트립셴의 나날들 ―신뢰와 쾌활과 숭고한 우연, 심오한 순간들로 점철된 나날들― 을 위해서라면 나의 삶에서 어떤 대가도 치를 수 있다고 생각한다"(NWB, 1090).

바그너 역시 젊은 니체가 그리스의 비극정신에 대한 해박한 지식, 자기의 음악에 대한 깊은 이해, 자기의 음악정신에 대한 찬양으로 자기에게 가까이 다가오는 것이 여간 감동적이지 않을 수 없었다. 니체가 바그너의 음악정신을 극찬하는 글을 쓴 동기에는 코지마 바그너의 의도적인 친절과 배려에서 비롯하는 면도 있었던 듯하다. 니체와 리하르트 바그너와 코지마 바그너 이 세 사람 간의 만남은 그들의 삶을 상당히 드라마틱하게 만들었다.

2

니체와 코지마 바그너

코지마는 1837년 헝가리의 음악가인 프란츠 리스트Franz Liszt와 마리 다구Marie de Flavigny d'Agoult 백작부인 사이에서 혼외관계로 이탈리아의 코모 호숫가에 있는 벨라지오에서 태어났다. 리스트와 다구 백작부인이 딸에게 특별한 관심을 기울이지 않았기 때문에 코지마는 가정교사로부터 교육을 받았다.

코지마는 20세 되던 1857년, 피아니스트이자 오케스트라 지휘자였던 한스 폰 뷜로Hans von Bülow와 결혼했다. 한스 폰 뷜로는 바그너의 사랑하는 제자로서 19세기의 대표적 지휘자였다. 그는 주로 바그너와 브람스의 음악을 지휘했으며, 동시에 리하르트 슈트라우스Richard Strauss 음악의 해석자이기도 했다. 그들은 취리히에 있는 바그너의 집에서 신혼여행을 보냈다. 그러나 결혼한 지 얼마 지나지 않아 코지마는 결혼생활을 회의하기 시작했고, 급기야 자살충동에 사로잡힐 정도로 정신적 고통 속에 괴로워하고 있었다. 왜냐하면 코지마는 한스 폰 뷜로와의 결혼을 처음부터 괴로운 짐으로 생각하고 있었기 때문이다. 이러한 괴로움에 시달리고 있던 코지마를 정신적으로 구제한 이가 바로 바그너였다.

바그너는 그 당시에 네 살 연상의 여배우인 민나 플라너Minna Planer와 결혼한 상태였다. 바그너는 23세였던 1836년에 민나 플라너와 결혼했다. 민나 플라너는 15세 때 이미 어떤 장교의 꾐에 빠져 임신하게 되었고 어쩔 수 없이 아이까지 낳았다. 아이의 이름은 나탈리에였다. 아이를 할머니의 딸로 입적시켰기에 나탈리에는 평생 민나 플라너의 여동생으로 살았다. 나탈리에는 젊은 날 가난했던 바그너에게 재정적 부담이 되었고 민나 플라너와의 관계에서 문젯거리가 되기도 했다. 민나 플라너는 바그너와 결혼생활을 하는 와중에도 바람이 나서 연인과 사랑의 도피를 했다가 가정으로 돌아오곤 했다.

결국 바그너와 민나 플라너의 관계가 악화되고, 파경에 이르렀을 즈음 바그너는 1864년에 두 딸의 어머니였던 코지마와 은밀한 사랑을 나누는 야릇한 운명을 맞이하기도 했다. 코지마는 그토록 미워했던 남편 한스 폰 빌로로부터 도망쳐 결국 바그너의 품에 안긴 셈이다.

니체는 트립셴에 있는 별장에서 코지마를 알게 되었다. 코지마는 명목상 한스 폰 빌로의 부인이었음에도 그 당시 이미 바그너의 연인이 되어 바그너의 세 번째 사생아를 임신하고 있었다. 코지마는 니체와 첫인사를 나눌 때 자기가 임신하고 있는 아이가 바그너의 아이라는 사실을 숨기고 있었다. 니체는 사실을 알게 된 뒤 그들의 음험하고 부도덕한 태도에 대해 상당히 분노하고 있었다. 코지마를 알게 된 첫 주에 니체는 이 사악한 짝과는 거리를 두었다. 여하튼 대학교수로서 그의 명예가 농락당한 셈이었다. 코지마는 니체와 서로 인사를 나누던 날의 정황을 다음과 같이 적고 있다.

"리하르트가 브로크하우스의 집에서 알게 되었고, 리하르트의 작품을 근본적으로 이해하고 있고, 리하르트가 『오페라와 드라마』에서 인용하곤 하는 문헌학 교수 니체를 초대하다. 조용하고 쾌적한 방문"(CW I, 96).

코지마는 자기의 연인인 리하르트 바그너를 추종하는 순수한 니체가 대학 강단에서 바그너를 인용하곤 하는 사실에 대한 보답으로 니체에게 친절과 호의로 환대했다. 코지마는 니체를 알게 된 것이 바그너에게 유익하다는 사실을 알고 있었다.

그 무렵 바그너는 자기의 작품을 공연할 수 있는 전문적인 오페라극장을 건립할 계획을 세우고 있었다. 바그너는 이 계획에 따라 이 오페라극장을 손수 설계하고자 했다. 또한 직접 현장에 나가서 건립공사를 진두지휘하기도 했다. 바그너는 장차 완공될 이 오페라극장을 축제극장Festspielhaus이라고 일컬었다. 바그너는 축제극장의 완공을 위하여 혼신의 힘을 다하고 있었다.

니체 역시 바그너의 이러한 열정을 잘 알고 있었기 때문에 바그너의 이 거창한 기획을 공개적으로 찬양하기도 했다. 이 과정에서 코지마는 몹시 수줍은 성격의 니체를 사로잡아 완전한 바그너 추종자이자 찬양자로 만들 간교한 전략적 과제를 떠맡게 되었다. 코지마는 의도적으로 니체에게 친절과 온정을 베풀었다. 니체 자신은 이 음흉한 의도를 전혀 눈치채지 못하고 자기가 코지마의 마음에 꼭 든 것으로 착각했다. 코지마와 바그너는 니체를 적절하게 이용하는 방법을 간교할 정도로 잘 알고 있었다. 니체는 코지마가 부탁하거나 지시하는 것마다 성심을 다하여 완벽하게 해결하곤 했다.

1869년 크리스마스 축제가 열렸을 때 코지마는 니체를 특별히 배려했다. 그때 코지마는 직접 여러 가지 물건들을 구입하여 니체에게 보냈다. 만일 니체가 자기에게 부여된 지시나 주문을 제대로 이

행하지 못했다면 코지마로부터 격심한 비난을 받았을 것이다.

코지마가 지시하고 부탁했던 과제들은 사실상 니체가 기꺼이 해결하고 싶어 했던 성격의 것은 결코 아니었던 것 같다. 여하튼 니체가 그 모든 지시와 주문들을 만족스러울 정도로 해결했기 때문에 그 보답의 차원에서 1869년에 니체는 코지마, 바그너 그리고 그들의 아이들과 함께 크리스마스 축제를 보낼 수 있었다.

12월 24일에 코지마는 다음과 같이 적고 있다.

> "니체 교수가 아침에 와서 인형극을 조정하던 나의 일을 도왔다. … 나는 고갈된 나무 앞에서 아이들과 함께 기도를 드렸다. 니체 교수는 호머에 관하여 강의해 주기도 하였다"(CW I, 181).

코지마는 그날 찾아온 니체에게 세심하게 신경을 썼다. 새해 직후 코지마는 다음과 같이 회고했다.

> "한 주 내내 책을 읽지 않았다. 대부분의 시간을 니체 교수와 함께 보냈다. 니체 교수는 어제 떠났다"(CW I, 185).

바그너의 집에 모였던 모든 사람이 플라톤, 아리스토텔레스, 아이스킬로스, 소포클레스, 헤로도토스, 투키디데스 등을 읽고 토론했다. 여기서 문헌학의 거장으로서 니체의 능력은 출중할 정도로 빛났고, 그로 말미암아 니체는 그곳에 모인 모든 사람에게 많은 칭찬을 받았다.

1870년 크리스마스에 니체는 바그너에게 자기의 논문 「비극사상의 탄생」을 보냈다. 바그너는 호의를 가지고 그 논문을 읽었다. 코지마는 자기의 일기에서 다음과 같이 적고 있다.

"우리는 니체의 사상 발전단계를 강렬한 관심을 가지고 지켜보고 있다. 리하르트의 이념이 이 영역에서 뻗쳐 나갈 수 있다는 점이 나에게는 특별한 기쁨을 자아내고 있다"(CW I, 330).

니체는 바그너의 이념을 더욱더 부지런히 확장시켰다. 1872년 1월에 그의 처녀작 『음악의 정신으로부터 비극의 탄생*Die Geburt der Tragödie aus dem Geiste der Musik*』이 출판되어 나왔다.

3
|
니체와 바그너의 비극정신 이해

니체는 자신의 첫 작품에서 디오니소스적인 것과 바그너의 음악정신을 결부시켰다. 니체에게 디오니소스적인 것이란 자연과 본능과 생명의 근원적인 존재를 표현하는 말이다. 자연과 생명은 카오스이다. 지속적으로 폭발하고자 하는 본능을 그 핵심으로 삼는 혼돈이다. 단순한 혼돈이 아니라 뜨겁게 불타는 혼돈이다. 태양이 불타는 가운데 간헐적으로 폭발하듯 혼돈은 불덩이 자체로서 간헐적으로 폭발하여 새로운 존재를 생성하고 질서를 만든다. 존재의 핵심으로 불타는 혼돈, 그것이 디오니소스적인 것이다. 이러한 디오니소스적인 혼돈은 바로 예술로서 음악이다. 니체는 이 디오니소스적 예술로서 음악정신을 바그너의 가극에서 발견하고 있다. 니체에게 바그너는 어떤 점에서는 디오니소스적 혼돈 그 자체이다.

니체에게나 바그너에게 디오니소스적 예술, 즉 디오니소스적 혼돈의 대표적인 예술은 곧 음악이다. 그리고 음악정신의 최고의 발전적 형태가 비극이다. 여기서 혼돈이란 인간의 내면에서 이글거리면서 자극을 받으면 화산처럼 폭발하여 지표를 뚫고 솟아오르는 불덩이 같은 파토스Pathos이자 충동이다. 이 내면적인 파토스 또는 무의식 층에 내재하는 본능적인 충동은 삶에의 강력한 의지이다. 기존의 가치, 이념, 사상 등을 부정하며 파괴하고 새로운 것, 미래적인 것을 긍정하고 창출하려는 힘에의 의지이다. 이러한 파토스와 본능적인 충동을 동반한 삶에의 강력한 의지, 창조적 삶에의 긍정, 지나간 것, 전래하는 것, 현실 안주의 것을 온통 파괴해 버리는 허무주의적 창조에의 의지 및 긍정의 드라마가 곧 비극이다. 비극이야말로 파괴와 부정인 동시에 창조와 긍정이다. 비극에의 이해는 니체와 바그너에게 공통의 지평이다. 따라서 비극은 삶을 긍정하는 예술이면서(NWB, 1110) 존재의 핵심의 영원한 삶이다. 니체는 비극의 이해를 다음과 같이 기술한다.

"삶의 생소하고 가혹한 문제에 직면해서도 삶을 긍정하는 것, 최고 유형의 희생을 감수하면서도 무한정의 즐거움을 만끽하는 삶에의 의지 ― 그것을 나는 디오니소스적인 것이라고 일컫는다. 나는 그것을 비극시인의 심리에 이르는 다리로서 이해한다. … 비극은 공포와 연민으로부터 벗어나게 하는 것이 아니고, 공포와 연민을 초월하여 생성이라는 영원한 기쁨을 가져다준다"(NWB, 1110).

니체와 바그너가 함께 공유하는 것으로서 비극은 환희에서, 힘에서, 넘쳐흐르는 건강에서, 커다란 충일감에서 비롯된 것이다. 다시 말해 비극은 삶에의 투쟁에서 승리한 존재의 환희로 말미암은 창조적인 힘의 넘침, 그치지 않고 솟아오르는 정열에의 의지, 어떤 고난의 운명마저도 피하지 않고, 오히려 사랑하고 긍정하며 "자! 다시 한번"이라고 말하는 운명애Amor fati에서 비롯한다. 니체는 이른바 넘치는 생명, 고뇌, 쾌락의 한복판에서 숭고한 황홀의 경지에서 역동적으로 자기를 긍정하고 자기를 확신시키는 것을 비극이라고 규정하고 있다(NWB, 1129). 따라서 비극은 니체와 바그너에게 부정적이거나 염세적인 것이 아닌, 즉 그것과는 반대되는 긍정적 파토스와 동일한 것으로 이해되고 있다.

니체와 바그너, 두 사람에게는 음악정신, 비극, 디오니소스적인 것이 모두 하나로 완전히 융합되어 있다. 그러므로 니체는 모든 생명의 영원한 즐거움이 디오니소스적 예술을 통해 나타나고, 발랄하게 부단히 생성되는 모든 생명은 비극적인 몰락을 통해서 고양된다고 생각하고 있다. 따라서 니체에 의하면 비극은 비합리적이며, 특히 바그너의 가극에서 새로운 형태로 나타나기를 기대하고 있다. 그러한 근거에서 니체는 디오니소스적 비극을 바그너의 음악정신을 통해서 소생시키고자 시도했다(NWB, 1129).

니체는 바그너의 음악이야말로 비극 또는 비극적 신화에 생명을 불어넣어 주고 있다고 생각했다. 니체가 지적하는 바와 같이 바그너 음악의 비극성은 그리스비극에서 비롯한다. 그리스문화가 위대한 것은 그리스인의 비극의식이 가지고 온 결과다. 바그너의 이러한 견해는 니체로부터 강력한 동의를 얻었다. 바그너에 의하면 그리스인은 비극 속에서 자기 자신을 재발견하고 더욱이 그 국민 전체의 모든 본성 중에서도 가장 고귀한 부분을 재발견하고 있다. 니체는 바그너의 음악 속에서 자기 철학의 미래는 말할 나위 없고 근본적으로 그리스인의 비극정신의 근원을 감지하고자 했다.

니체와 바그너, 두 사람 모두 그리스비극이 쇠멸한 이유가 전적으로 소크라테스가 그리스의 비극정신을 해체한 데서 비롯한다고 역설한다. 그들의 주장에 따르면 소크라테스가 그리스문화와 예술의 자연적, 본능적, 비합리적, 디오니소스적인 것을 철저히 부정함으로써 그리스비극의 종막이 야기되었다. 소크라테스의 등장으로 인한 비극의 종막은 결국 그리스문화의 붕괴를 가져왔다.

소크라테스의 등장 이후 본래의 예술로서 비극은 몰락했고 오늘날까지도 힘의 상징인 비극은 끝내 재생되지 못했다. 따라서 니체와 바그너, 두 사람 모두 비극의 탄생이야말로 절대적으로 필요하다고 주장하고 있다. 이런 선상에서 바그너는 다음과 같이 주장한다.

> "본래의 진정한 예술은 르네상스에 의해서도 르네상스 이후에
> 도 아직 재생되지 않고 있다. … 혁명만이 다시금 최고의 예술작품
> 을 우리에게 나타나게 할 수 있다"(KR, 73).

니체에게 디오니소스적 인간 존재의 전형이 '위버멘쉬'라면 바그너에게 그것은 '아름답고 강한 인간'이다.

디오니소스적 인간을 탄생시키기 위해서는 혁명이 필요하다는 바그너의 주장이나 세계는 디오니소스의 힘의 표현으로서만 해석되어야 한다는 주장은 니체의 사유와 바그너의 예술이론이 피를 나눈 관계로 도약하게 하는 계기가 된다.

4
니체와 바그너의 사상적 맥락

바그너에게 혁명은 최고의 예술적 이상을 실현하기 위한 수단이다. 혁명이 실현되지 않고는 인간도 사회도 개혁되지 않는다. 예술의 혁명, 인간혁명, 그리고 사회개혁은 니체에게 디오니소스적인 것

에 속한다. 이러한 혁명사상은 그것이 디오니소스적인 것, 즉 가치 전도라는 니체 철학의 한 사명이라는 점에서 바그너와의 공통성을 가진다.

바그너 생애의 전반기를 지배했던 사상은 바로 이러한 내용을 주요 핵심으로 삼고 있던 포이어바흐Ludwig Feuerbach의 사상이다. 구체적으로 말해 바그너 생애의 초기는 주로 포이어바흐의 낙관적인 세계관에 지배받고 있고, 후반기는 염세적이고 비관적인 쇼펜하우어의 '삶에의 맹목적인 의지' 사상에 지배받는다.

이처럼 바그너 생애의 전반기는 인간 중심의 낙관적 사상 경향을 띠고 있던 포이어바흐 철학이 지배하고 있었다. 니체는 그 사상적 영향에 대해 다음과 같이 썼다.

"사람들은 그 당시 바그너가 얼마나 감격하면서 철학자 포이어바흐의 발자국을 따라 걸어갔는지 상기해야 한다. '건강한 감성'이라는 포이어바흐의 말은 1830-1840년대의 수많은 독일인에게처럼 바그너에게도 구원의 말처럼 들렸다"(NCW, 1052-1053).

1840년대 후반에 바그너의 사상은 이처럼 포이어바흐의 자연적이고 강력한 삶의 충동에 근거한 인간애로부터 영향받았다. 그 결과 바그너는 인간의 자연성을 주장하면서 혁명에까지 참여했다. 니체는 그런 근거에서 바그너를 혁명아였다고 말하기도 했다. 니체의 논평과 같이 1840년대의 바그너는 포이어바흐의 낙관적 세계관으로부터 커다란 영향을 받고 있었다. 바그너가 자기의 저서 제목을 『미래의 예술작품Kunstwerk der Zukunft』이라고 지은 것은 바로 포이어바흐의 『미래의 철학Philosophie der Zukunft』이라는 저서 제목을 본뜬 것이다. 이러한 사실을 고려한다면 바그너가 포이어바흐로부터 얼마나 많은 영향을 받고 있었는지 잘 알 수 있다.

　바그너가 파악한 포이어바흐 사상의 출발점은 헤겔의 관념체계에 대한 비판이다. 포이어바흐는 이러한 비판을 통해 새로운 철학, 즉 신학에 대치한 인간학을 수립하고자 했다. 그의 인간학에 따르면 "신의 본질은 단지 인간의 본질 그 이외에 아무것도 아니다"(SW Ⅳ, 17). 인간은 현실적이고 감성적인 존재이다. 육체는 인간의 본질에 속한다. 신의 본질은 개인의, 즉 육체적, 현실적 인간의 한계로부터 벗어날 경우에, 인간 자신과는 다른 독립적인 존재로서 객관화되고 숭배될 경우에 있어서 인간의 본질에 불과하다.

　포이어바흐는 『기독교의 본질Das Wesen des Christentums』에서 인간의 자기의식을 투영한 존재로서 신의 관념에 집중한다. 이와 반대로 『종교의 본질Das Wesen der Religion』에서는 자연에의 의존감정을 종교의 기초로서 기술한다. 또한 그는 이 두 가지 관점들을 결합한다. 외적 실재로의 의존을 의식하고 있는 인간은 자연의 힘과 특히 자연현상들을 숭배한다. 일신교에서 신은 인간들을 통일시키는 바의 것, 즉 인간의 본질 자체로서 초월적 영역으로 투영되고 숭배되는 성격의 것이다. 인간을 일신교에 전환하는 강력한 요인은 자연이 인간의 물리적 필요들을 충족시켜 줄 뿐 아니라 인간 자신이 자기 자신 앞에 자유로이 설정하는 목적에 공헌할 수 있다는 의식이다. 왜냐하면 이 방식으로 인간은 자연을 자기 자신을 위해서 현존하고 있는 것으로 생각하기 때문이다. 자연은 목적을 구현하고 있는 하나의 통일체이고 지적 창조자의 산물이다. 그러나 창조자를 사유하면서 인간은 자기 자신의 본질을 투영한다. 가령 신의 관념으로부터 이 투영에 기인하는 모든 것을 제거해 버릴 때 단순히 자연만이 남을 뿐이다. 그러므로 비록 종교가 궁극적으로 자연에 대한 인간의 의존감정에 근거하고 있다고 하더라도 인격신의 개념 형성에 가장 중요한 요인은 인간 자신의 본질 투영이다. 포이어바흐는 다음과 같이 말했다.

> "종교는 인간의 자기분리이다. 인간은 신을 자기에 대한 대립존재로서 자기의 우위에 설정한다. 신은 인간인 바의 것이 아니다. 신은 무한한 존재이고 인간은 유한한 존재이다. 신은 완전하고 인간은 불완전하다. 신은 영원하고 인간은 일시적이다. 신은 전능하고 인간은 무력하다. 신은 거룩하고 인간은 유죄하다. 신과 인간은 양극이다. 신은 절대적 긍정, 모든 실재들의 본질이지만 인간은 부정, 모든 무의 본질이다"(현대유럽철학, 21).

그러므로 자기의 본질을 초월적인 영역에 투영하고 그것을 신으로 객관화시킴으로써 인간은 자기 자신을 비참하며 죄 많은 창조물에 환원한다.

포이어바흐는 기독교의 본질을 인간학이라는 형태에서 파악하려고 하였기 때문에 "신학의 비밀은 인간학이다"라고 규정했다. 요컨대 포이어바흐에게 종교의 근본적 본질은 곧 인간의 본질이었다. 포이어바흐의 이러한 반종교적이고 반기독교적인 입장은 "신은 죽었다"라고 선언한 니체의 반기독교론과 상통한다. 그리고 니체의 이러한 반기독교 사상은 곧 포이어바흐의 인간학을 수용한 바그너와 사상적인 연결지점을 마련해 주었다. 여하튼 바그너는 자기 생애의 후반기를 맞이하면서 개인생활의 비통한 체험이라든가 자기가 겪어 본 현실세계가 지금까지 견지하고 있었던 혁명적이고 낙관적 인생과는 너무나 모순됨을 절감했다. 그러므로 바그너는 점차 포이어바흐의 사상에서 벗어나 쇼펜하우어의 염세적인 사상으로 옮겨 갔다.

1854년 9월에 바그너는 시인 게오르게 헤르베George Herweh로부터 쇼펜하우어의 『의지와 표상으로서의 세계』를 읽어 볼 것을 권유받고 즉시 탐독했다. 바그너는 이 책을 오랜 세월 동안 여러 번 읽었다.

혁명에 참여하면서 맛본 쓰라린 실패는 바그너에게 깊은 자기성찰을 가능하게 했다. 그는 자기의 삶을 그 기초에서 새로이 계획하는 동시에 예술의 토대를 근본적으로 새로이 마련해야겠다는 생각을 쇼펜하우어의 철학사상 연구를 통해 가다듬었다.

쇼펜하우어에 의하면 세계와 인간의 본질은 삶에의 맹목적 의지 외에는 아무것도 아니다. 인간은 어떤 목적도 없이 그냥 살아가는 의지에 불과하다. 삶에의 맹목적 의지로서 인간은 개별의지, 즉 의지 자체인 세계의지Weltwille의 개별화에 불과하다. 개별화된 인간의 의지는 어떤 점에서는 세계의지의 꼭두각시에 지나지 않는다. 그렇다고 하더라도 인간의 의지는 무한하면서 그것이 실현되는 데는 제약이 따른다.

인간은 자기의 충동과 소망을 추구하지만, 결코 지속적인 행복도 평안도 발견하지 못한다. 욕구가 충족되면 곧 다시 새로운 욕구가 생겨난다. 고통은 일반적으로 삶의 본래적 실재이다. 쾌락과 행복은 소극적인 것, 즉 고통의 결여다.

쇼펜하우어에게 삶은 이처럼 고통의 연속이다. 그러므로 삶이란 투쟁이고, 전쟁이자 잔혹한 파괴이고, 약육강식이다. 이 고통으로부터의, 즉 눈물의 골짜기Jammertal로부터의 탈출구Ausweg는 없을까? 삶의 표현형식이 고귀할수록 고통도 더욱 커지고 뚜렷해진다. 그러므로 인식도, 하물며 자살도 탈출구가 되지 못한다. 자살은 의지의 개체적 현상일 뿐 이 의지 자체로부터의 탈출구가 되지 못한다. 탈출구가 없는 것은 아니다. 쇼펜하우어는 두 가지 길을 제시하고 있다. 하나는 심미적 길ästhetischer Weg이고 다른 하나는 윤리적 성격의 길der Weg der ethischen Natur이다(KWP, 511-512). 바그너는 이 의지의 항구적 고통, 투쟁, 전쟁을 그의 후기 사상 속에 고스란히 받아들였다.

쇼펜하우어는 인간이 의지의 구속에서 그리고 욕구하는 개체의 속박에서 벗어나지 않으면 안 된다고 주장했다. 그가 주장하는 논리의 요지는 대략 다음과 같다. 인간은 의지 없는 순수한 인식 주체가 될 수 있다. 인간에게 주어질 인식방법은 '천재의 일das Werk des Genius'

인 예술이다(KWP, 512). 예술은 인과율이나 의지로부터 독립한 사물의 관찰이다. 이념은 대상에서 나오는 순수한 성찰을 통해서만 파악될 수 있기 때문이다. 천재의 본질도 바로 이와 같은 관찰능력에 있다. 천재성은 완전히 객관적인 상태인 '명석한 세계안klares Weltauge'이 되어 관조한 것을 다시 형상화할 수 있는 능력이다(KWP, 512).

천재에 의하여 형상화될 수 있는 예술 가운데 음악이야말로 최고 형식의 창조적 예술인 동시에 천재에 의해 이해되는 이념을 구현하는 예술이다. 음악은 의지 자체로부터, 즉 "세계의지로부터 탈출할 수 있게끔 하는 유일한 예술이다. 쇼펜하우어의 이러한 음악에 대한 찬양은 바그너의 예술론에 크게 영향을 미친다. 특히 바그너가 영향받은 것은 음악이야말로 의지 자체를 표현하고 모사하는 예술—세계의 본질의 직접적인 모상— 이라는 주장이었다"(KWP, 513).

니체 역시 바그너와 마찬가지로 이러한 주장으로부터 영향을 받았다. 니체는 다음과 같이 말했다.

"나는 의지와 표상으로서의 세계에서 세계, 삶, 나 자신의 정서를 엄청날 정도로 웅대하게 탐지할 수 있는 하나의 거울을 보았다. 거기에서 나는 모든 이해득실을 떠난 태양과도 같은 예술을 보았다. 거기에서 나는 질병과 치유, 추방과 도피처, 지옥과 천국을 보았다"(N, 28).

니체는 바그너와의 대화에서 쇼펜하우어가 음악의 본질을 가장 잘 인식하였다는 데 의견을 같이했다. 또한 니체는 쇼펜하우어가 말하는 천재의 실제 모습을 바로 바그너에게서 보는 것과 같았다고 말하기도 했다.

이와 같이 니체나 바그너는 쇼펜하우어의 사상에 영향을 받는 가운데서도 궁극적으로 쇼펜하우어의 사상에서 벗어나 그들만의 독자적인 예술세계와 철학의 길을 향해 떠나가고 말았다. 왜냐하면 쇼펜하우어가 삶을 부정하고 삶에의 맹목적 의지로부터 벗어나기 위해 음악을 일시적인 위로 정도로만 평가하고 마침내 불교적 성격이 짙은 현실 부정적 해탈로의 침잠을 주장했기 때문이다.

쇼펜하우어의 '의지의 형이상학'에 심취했던 니체와 바그너는 쇼펜하우어의 '삶에의 맹목적 의지'에 대한 이해를 통해 사상적 연결고리를 공유하고 있었다. 니체와 바그너의 만남이 바로 쇼펜하우어의 미학에 대한 찬양과 충족을 놓고 논의하는 과정에서 시작되었듯이 그들 간의 헤어짐도 쇼펜하우어의 삶에 대한 부정을 비판하는 가운데 한 사람은 '힘에의 의지'의 길로, 다른 한 사람은 '기독교적 구원'의 길로 나아감으로써 야기되었다. 이러한 상황에서 니체는 하느님으로부터 구원을 찾았던 바그너를 데카당Dekadent으로 몰아세움으로써 바그너에게 가혹한 비판을 가했다. "신은 죽었다"라고 절규한 니체에게 현실을 외면하고, 천국을 설정하며, 힘에의 의지를 약화시키는 허구적 신의 존재를 위작僞作하는 기독교를 향해 예술의 방향을 잡은 바그너는 분명히 데카당의 전형으로 생각되었다.

특히 니체에게 예술의 본질은 인간의 자연성과 생명을 고무시키는 것이며 영혼의 디오니소스적 힘에의 의지의 표현이었다. 그러나 바그너에게 예술의 본질의 비극적 형식으로서 음악은 삶의 자연성을 저지하고 거부하며, 그리고 삶과 사랑의 에너지를 억누르고 이념과 순결을 따르는 것이었다(게르만 신화, 257). 바그너의 음악, 특히 가극은 죽음을 통해 구원을 갈망하는 것을 주제로 삼고 있다. 니체에 의하면 바로 이 지점에 19세기의 시대적 데카당스의 징후가 나타난다. 그리고 유독 바그너의《파르지팔Parsifal》에서 이 데카당스가 가장 극명하게 표출되고 있다. 《파르지팔》에서는 삶의 내용은 사라지고 전체적으로 제의祭儀와 순결함만이 음악으로 표현되고 있다. 이러한 근거에서 니체는 바그너를 반드시 극복해야 할 데카당이라고 비판한다.

니체는 결국 생애 내내, 즉 1889년 1월 3일 정신붕괴에 직면하기 7년 전까지 그토록 존경하고 찬양했던 ―바그너가 십자가 앞에 무릎을 꿇음으로써 도저히 용납할 수 없었던― 바그너를 자기의 뇌리에서 추방할 수밖에 없었다.

젊은 날 니체의 정신적 아버지인 동시에 인생의 멘토이자 예술의 스승이었던 바그너는 저세상으로 떠나고 난 후에도 니체에게 가혹한 비판을 받는 처지에 놓였다. 마침내 니체에게 바그너의 음악은 미래가 없는 음악이고, 잔인한 것, 기교적인 것, 백치적인 것이었다. 더욱이 인간 바그너는 위선적인 연극배우이자 폭군이었다.

니체와 바그너, 19세기 말 위대한 두 천재의 만남과 헤어짐은 드라마틱한 별들의 우정의 형상으로 우리들의 가슴속에 새겨질 것이다.

제2장

니체에게 미친
바그너의 영향

니체가 바젤대학에서 ―철학과 교수로서가 아니라― 문헌학과 교수로 재직하면서 바젤대학 인근의 교직원 전용 기숙사에 거주하고 있었을 때 바그너는 루체른 근교에 거주하고 있었다.

당시 바그너는 뮌헨 사람과의 갈등과 자기에 대한 적대감 때문에 루체른 근교에 있던 트립셴으로 물러나 있었다. 이곳에서 바그너는 코지마와 그녀의 아이들과 함께 유명한 관광지인 필라투스Pilatus 아래쪽 피어발트슈테터Vierwaldstätter 호숫가에 위치한 3층짜리 고급저택에 거주하고 있었다.

루트비히Ludwig 2세와의 우호적인 관계 덕분에 바그너는 대저택을 소유하고 관리할 수 있었다. 1869년 5월 15일 토요일에 니체는 처음으로 트립셴에 방문했다. 오순절 직전 토요일에 니체는 약속시간보다 좀 이르게 루체른으로 향했다. 그 후에 루체른 도심지에서 기선을 타고 트립셴에 도착했다. 약속시간보다 너무 일찍 바그너의 저택 앞에 이르렀다.

"바그너의 집 앞에서 나는 한참 동안 조용히 서서 계속 반복되는 화음을 지겹게 듣고 있었다."

바그너는 그 당시 《지크프리트Siegfried》 3막을 작곡하고 있었다. 니체는 나중에 그가 바그너 집 앞에 서 있었던 바로 그 순간에 "나에게 상처를 주면서 나를 일깨웠던 악절을 작곡하고 있었다는 사실을 깨닫게 되었다."

트립셴의 저택에서 바그너의 장남이자 외아들인 지크프리트가 태어나던 기쁜 날 바그너는 니체라는 인간과 만나게 된다. 1년 뒤에 바그너는 코지마와의 관계를 법률상 확정 지었다. 한스 폰 뷜로와 이혼한 지 여러 주가 지난 1870년 8월 25일에 코지마는 루체른에서 바그너와 결혼식을 올렸다. 니체는 이 결혼식에 참석할 수 없었다. 왜냐하면 위생병으로 군에 출정 중이었기 때문이다.

덧붙여 말하건대 니체는 트립셴에서는 반가운 손님이었다. 그의 친구들도 환영받았다. 이를테면 에르빈 로데, 카를 게르스도르프, 그리고 그의 여동생 엘리자베트 역시 바그너에게는 귀한 손님이었다. 바그너가 1872년 4월에 바이로이트로 이사할 때까지 니체는 총 23번이나 트립셴에서 바그너와 만났던 날들을 값진 추억들로 평가했다.

"나에게 그 추억들은 무엇을 의미하는가! 나에게 이 추억이 없다면 나는 무엇이었을까! 나의 저서에서 저 트립셴 세계를 화석으로 남긴 것이 행복하다"(KGB II/1, 317).

바그너와의 절교 이후 니체는 트립셴에서 보낸 시간을 자기 생애에서 가장 아름다운 시간이라고 평가했다. 그의 마지막 저서인 『이 사람을 보라_Ecce Homo_』에서 이러한 정겹고 성실한 우정이 묘사되고 있다(NWB, 1090).

1
바그너에게 매료된 니체

니체에게 트립셴은 처음으로 알게 된 위대한 세계였다. 바그너의 세속인다운 예의 바른, 즉 사교적인 태도, 그의 거만한 성향, 그를 에워싼 사치, 수많은 하인, 많은 돈이 필요한 가계운영 ―루트비히 2세조차 바그너에게는 손님이었다― 은 소시민적 편협, 고루한 어머니와 여동생에 의하여 형성된 니체의 나움부르크적, 바젤적 생활 태도와는 두드러진 대조를 이루고 있었다.

그리고 트립셴에서 처음이자 단 한 번 뛰어난 품격의 부인과 만났던 경험은 니체를 황홀 속으로 몰아넣었다. 정신붕괴가 있기 1년 전에 니체는 코지마 바그너야말로 그가 알고 있던 고상한 부인들 중 가장 고상한 부인이었다고 스스로 고백한다.

프란츠 리스트와 다구 백작부인의 딸인 코지마는 불어로 교육받았다. 그러나 코지마는 이미 트립셴에서 명민하고 우아한 대화상대자였을 정도로 독일 정신에 익숙해 있었다. 코지마는 니체가 ―오순절 때― 트립셴에 방문했을 때 그가 다음과 같이 일에 철저하게 전념하도록 만들었다.

"바그너는 … 아주 풍요롭게 위대한 정신, 즉 정력적이면서 마력적으로 친절한 성격을 가진 인간이다. 나는 끝을 맺지 않으면 안 된다. 그렇지 않으면 나는 찬가를 불러야 한다"(KGB II/1, 13).

3개월 후 니체는 바그너가 깊이 존경하는 천재들, 즉 쇼펜하우어와 괴테, 아이스킬로스와 핀다르Pindar와 대등한 위치에 그를 자리매김했다(KGB II/1, 52). 니체는 쇼펜하우어에게서 반신半神, 즉 지난 세기의 위대한 반신을 보았다. 그에게는 바그너 역시 반신이었다.

"바그너는 무제약적인 이성, 깊은 감동적인 인간성, 숭고한 삶의 진지성이 지배하고 있네. 그러므로 나는 그의 곁에 있는 것을 신의 곁에 있는 것 같이 느끼고 있네"(KGB II/1, 36).

트립셴에 머무른다는 것은, 곧 바그너에게서 종교적 기분을 일깨운다는 의미이다. 그러므로 만일 사람들이 리하르트 바그너로부터 제물을 바치는 장소를 얻고자 한다면 이 경우에 사람들은 아무것도 발견하지 못할 것이다(KGB I/2, 299).

2

호머로서의 바그너와 플라톤으로서의 니체

호머Homer와 플라톤Platon의 관심과 목표는 상호보완되고 있다. 바그너는 —오페라에 있어 음악, 문학, 무용, 조형예술을 포괄하는— 종합예술에 대한 그의 착상을 통해 철학적 문제에, 특히 그 의도에 상응하는 고대비극에 대한 해석에 관심을 두고 있었다. 문헌학자로서 니체는 음악에 감격했고 바그너를 통해 그의 문헌학적 연구를 보완할 수 있었다. 이미 라이프치히 시절에 그는 언젠가 음악으로 다루어진 문헌학적 소재를 찾고자 했다. 바그너와 니체, 두 사람은 이러한 결속으로부터 문화적으로 번영하는 새로운 시대의 출발을 약속했다.

바그너의 언어상 다소 과장된 말로 표현하자면 1869년으로부터 1872년까지 트립셴은 원대한 계획을 지닌 대담한 출생지가 되었다. 트립셴에는 19세기 최고의 전성기가 포함된 문화적 계기가 살아 있었다.

바그너는 이 원대한 계획을 실현하기 위해 니체와 함께 일하고자 했다. 말하자면 한 사람의 호머로서 바그너가 한 사람의 플라톤인 니체와 동맹을 결탁함으로 말미암아 새로운 문화를 일으키고자 했던 것이다.

> "자네는 플라톤이 호머를 꺼안고, 호머가 플라톤의 이데아사상
> 으로 충만함으로써 비로소 가장 위대한 호머가 되어 위대한 르네
> 상스를 이루었듯 나를 돕게"(KGB II/2, 146).

바그너의 간청은 한결같은 역할 분담을 고려하지 않았다. 바그너는 니체의 도움으로 더할 나위 없는 호머가 되고자 했다. 이와 반대로 니체의 역할은 바그너—호머를 꺼안는 데 있었다. 주지한 바와 같이 바그너는 니체에게 위대한 인간의 벗이 된다는 것이 얼마나 큰 의미를 지니는지 알려 주는 우정을 제공했다. 니체가 바그너에게 더 많은 것을 요구한다는 것은 부당한 것이었다. 반대로 니체가 바그너의 명성을 높이기 위해 그의 문헌학적 지식으로 진력한다는 것도 역시 부당했다. 니체의 트립셴으로의 방문은 그로 하여금 천재를 창출하는 것이야말로 인류의 과제이며, 시대의 본래적 의미란 시대정신이 정점을 이루는 데 있다는 견해를 가지도록 했다.

> "천재를 준비하고 낳는 것보다 고귀한 문화의 경향은 없다. 국
> 가도 민족도 인류도 그러한 사실 때문에 그 스스로 존재하지 못하
> 고, 오히려 그것들의 정점에, 위대한 개인들에게, 성자들에게, 예
> 술가들에게 목표가 있다"(KGB III/3, 370f).

이러한 명제들은 니체의 『비극의 탄생』의 사전작업에서 비롯한다. 이 명제들은 별도로 바그너를 향한 서문의 착상에 속한다.

니체에게 리하르트 바그너는 모든 예술과 학문이 경의를 표했던 그 시대의 위대한 개인이자 천재였다. 니체는 바그너와 결속을 이루었지만, 그 결속은 무게가 한쪽으로 치우친 불평등한 것이었다. 음악에 감동하는 문헌학자로서 니체는 문헌학적 관심이 있는 음악가로서의 바그너와 동등한 권리를 가지고 있지 못했다. 바그너는 니체보다 나이가 많았을 뿐 아니라 철두철미하게 강직한 인물이었기에 니체와 대립 상태에 있기도 했다. 바그너는 니체의 아버지와 같은 또래였다.

니체는 이 위험을 시의적절하게 인식하지 못했다. 트립셴에서 가졌던 바그너와의 만남으로부터 받은 매혹적인 인상에서 니체는 자기의 근원적인 진로로부터 일탈할 수밖에 없었던 길로 나아갔다. 그는 문헌학으로부터 멀어졌다.

3

바젤에서의 강연

이 길로 나서는 첫 발걸음은 1870년에 니체가 알리고자 했던 '바젤강연'의 시기에 속한다. 1월 18일에 그는 '그리스 가극'에 관해서,

2월 1일에는 '소크라테스와 비극Sokrates und Tragödie'에 관해 강연했다. 이 두 강연은 『비극의 탄생』의 제1단계이다. 두 번째 강연은 낙관주의를 통해서 비극의 죽음을 다루고 있다. 그리고 그는 소크라테스를 가극의 파괴자라고 일컬었다. 1월 17일 첫 강연이 있기 바로 전날에 코지마는 트립셴에서 그에게 다음과 같은 내용의 편지를 써서 보냈다.

> "만일 당신이 내일 선정된 청중들 앞에서 그리스의 가극을 주제로 강의한다면 당신은 독일 가극의 창시자이고 독일로의 귀향이라고 기억될 것입니다."

코지마는 바그너가 라이프치히에서 거의 텅 빈 연주장에 서 있었다는 것을 그에게 상기시켰다. 다시 말해서 코지마는 그 텅 빈 연주장에서 바그너로부터 처음으로 《마이스터징어》의 서곡을 듣던 바로 그날, 마음속 깊이 깊은 인상을 받았음을 그에게 상기시켰다(KGB II/2, 120). 코지마는 이렇게 언급함으로써 니체가 청중이 다소 적은 점에 실망할지 모른다는 것을 경계하고자 했다.

니체는 숨 막힐 듯한 전망을 통해 그의 첫 번째 강연을 바그너의 종합예술과 미래예술을 연계시킬 정도로 독일 가극의 창시자로서 바그너를 강렬하게 상기시켰다. 높은 수준의 활동 상태에 있는 많은 예술들과 여하튼 하나의 예술작품 ─ 그것은 고대 그리스의 가극일 것이다. 그러나 그의 전망에 있어 지금 예술을 개혁해야 한다고 주장하는 개혁자의 이상을 상기시키는 사람은 미래의 예술작품이란 전적으로 현란하지만, 동시에 믿을 수 없는 신기루가 아니라고 말하지 않을 수 없을 것이다(NW, 45). 우리가 미래로부터 기대하는 점은 지난 2천 년 동안 경험했던 것 그 이상의 것이 현실화할 것이라는 점이다.

물론 코지마 쪽으로부터의 자극은 거의 필요하지 않았다. 니체가 라이프치히 시기에 집필했던 「비극에 있어서의 합창음악에 관한 고찰」에서 바그너의 천재적인 개혁 계획과 행위에 대한 언급이 발견된다. 여기서는 이미 고대 그리스비극이 미래의 음악과 비교된다(NW, 45). 니체는 두 번째 강연도 바그너의 종합예술에 대한 전망으로 결론지었다. 니체는 바그너가 투쟁한 대오페라를 원숭이와 비교했고, 바그너가 거의 절대적으로 대립해 온 신문들을 강연에서 탄핵한 소크라테스 주의와 동일시했다.

"마지막에 질문 하나만 던진다면 가극은 정말 죽었는가? 영원히 죽었는가? 게르만인은 정말 과거의 사라진 예술작품에 '대오페라' 말고는 내세울 것이 없었단 말인가? 대개 헤라클레스 옆에는 으레 원숭이가 등장하듯이? 바로 이것이 우리 예술이 당면한 심각한 문제입니다. 게르만인으로서 이 문제의 심각성을 파악하지 못하는 사람은 우리 시대의 소크라테스 주의에 빠집니다. 소크라테스 주의는 자랑하고 싶지도, 아무것도 알고자 하지도 않지만, 진실로 아무것도 알지 못하고 있습니다. 이러한 소크라테스 주의가 오늘날

의 신문들입니다. 나는 더 이상 아무 말도 하지 않겠습니다"(KGB
III/2, 41).

이 강연에서 소크라테스와 고대 그리스비극에 관해서 알고자 하
는 사람은 이 말들을 탈선과 월권으로 감지하지 않을 수 없었다.

제3장

니체 — 바그너의 숭배자

1

바그너 전문저술가

니체가 『비극의 탄생』을 놓고 일어난 이러한 논쟁을 통해서 비로소 철학에 대한 본래의 규정을 발견했다는 주장이 제기되고 있다. 때때로 그의 문헌학적 행보를 종료시킨 책은 그의 철학적 활동의 시작으로 간주되고 있다. 그러나 『비극의 탄생』은 결코 니체의 최초의 철학저서가 아니었다. 오히려 그의 최초의 바그너 전문저서였다. 그다음에 나온 저서 역시 그가 바그너의 추종자라는 점을 여실히 보여 준다.

1879년에 니체는 교수직을 사임했다. 그는 아주 일찍이 여러 번 이렇게 하기를 시도했지만, 마침내 '철학함'을 하기 위해서가 아니라 바그너를 위하여 교수직 사임을 시도했다. 『비극의 탄생』 이전과 이후 몇 년 동안 니체는 바그너의 영향 아래에 있었다. 니체는 바그너 전문저술가요 바그너 숭배자였다. 그 자신이 인정한 바와 같이 가장 사악한 바그너 숭배자들 가운데 한 사람이었다.

니체-바그너 문학에서 트립셴의 우정의 날들은 마치 두 정신적 거인이 모든 구름과 안개를 넘어 저편으로의 시대에 대해서 결정적인 말들로 불러들인 것처럼 나타났다. 정상으로부터 정상으로의 이와 같은 대화로서 트립셴의 우정관계에는 유사점을 전혀 발견할 수 없었다. 바그너는 손을 가볍게 접촉함으로 해서 신적인 번뜩임을 뛰어넘게 하는 창조자와 같지는 않았다. 그는 늘 손가락 하나를 손 전체로 잡는 버릇이 있었다. 니체의 바그너와의 결속은 복종에 견줄 만했다. 바그너는 니체로부터 바이로이트 계획들에 대한 조건 없는 지지를 기대했다.

니체는 바이로이트의 문화시기에 바그너 음악에 열광하고 있었다. 반대로 그의 벗들은 오히려 바그너 음악에 적대적이었던 듯하다.

2

니체의 고유한 소명

최초의 부정적인 판단에 이르렀을 때 니체는 자기의 도전에 의해 무거운 운명을 짊어지게 되었음을 간파하고 있었다. "내가 계획하고 있는 바의 미래를 이와 같은 목소리 속에서 추측하고 있기 때문이다. 내가 그것을 들어서 아는 모든 것에 나는 놀라운 진지함을 이해한다." 이러한 삶은 매우 어렵다(KGB II/1, 279).

어쨌든 니체는 바젤대학에 대한 의무를 생각하지 않았다. 그는 바젤대학 교수직에 얽매여 있다고는 생각하지 않았다. 그는 바그너를 위한 자기의 사명을 위해 교수직을 포기할 준비를 하고 있었다. 바그너에게 보내는 편지에서 그는 다음과 같이 쓴다.

> "이와 같은 모든 것을 마침내 당신에게서 찾고자 합니다! 나는 나의 지금의 현존을 하나의 질책으로 느끼며 솔직히 말해서 당신이 나를 필요로 하는지 어떤지를 묻고 싶습니다"(KGB II/1, 276).

바그너의 벗들이 1871년 12월에 만하임에서 만났을 때, 에밀 헤켈Emil Heckel은 바그너에게 급히 대도시에서 바이로이트를 위한 선전 강연을 열 것을 조언했다. 이때 니체는 이 과제를 떠맡아야겠다고 생각했고, 그 계획을 로데에게 말하기도 했다.

> "결국 나는 다음 겨울 대도시들의 바그너협회의 초청을 받아 니벨룽겐의 축제극에 관해 강연하기 위해 독일 조국을 돌아다니고자 하네"(KGB II/1, 304).

하지만 이 계획들을 실행할 기회는 오지 않았다. 니벨룽겐Nibelungen 강연들은 중지되었다. 바그너 진영의 연출법에 특유의 과도한 자기

현시와 온열적 열광이 혼합되어 유지되었다. 여동생의 진술에 의하면 니체는 이미 바젤대학 교수직 사직원을 써 놓고 있었다. 그러나 니체는 사직원을 제출하지 않았다. 왜냐하면 바그너가 지방을 순회하는 순회설교자로 니체를 끌어당기는 것에 관해 어떤 약속도 하지 않았기 때문이다.

3
|
자선봉사

바그너는 니체가 자신을 위한 지방 순회강연에 나서는 것과는 다른 봉사를 마음에 들어 했다. 1872년에 뮌헨의 정신과 의사인 푸쉬만Puschmann 박사는 바그너에 관한 정신병리학적 연구를 발표했다. 이 정신병리학적 연구에서 바그너는 정신이상자로 주장되었다 (Studie). 더욱이 본의 사학자 알프레트 도브Alfred Dove가 푸쉬만의 저서를 그 저서가 경고하는 힘과 유용한 영향 때문에 찬양했을 때, 니체는 공개된 편지에서 도브를 엄중하게 꾸짖는 일에 착수했다. 빌라모비츠Wilamowitz와의 논전에서 자기에게 보여 준 배려에 대해 바그너에게 보답했던 것이다(NW, 171).

알프레트 도브에 대한 니체의 격렬한 공격은 음악잡지(*Musikalische Wochenblatt*)에서 감행되었다. 이 음악잡지는 바그너 숭배자들의 뜻

대로 움직였다. 같은 해에 니체는 바그너협회의 수뇌부로부터 독일 국민에 고하는 공공연한 외침을 계획하도록 요청받았다. 니체가 바이로이트의 대표자회의에서 제시했던 독일국민들에 대한 경고는 진지하고 염세주의적으로 울려 퍼졌다. 그러므로 그는 크게 감격하지 않은 여동생의 의견 자체에 거의 몰상식할 정도로 영향을 미치고 싶었다. 코지마는 다음과 같이 자문했다.

"누가 그에게 서명하고 싶어 할까?"(CW I, 745).

사실상 대표자들은 그를 점잖게 거부했지만, 드레스덴 출신 아돌프 슈테른 교수에게 새로운 서한을 작성하는 일을 위임했다. 니체는 이러한 바이로이트 공회의公會議, Konzil에서 자신을 새로운 교회의 주교들과 고위성직자들 가운데 한 사람으로 생각했다(KGB II/3, 121). 그러므로 바그너 운동 내에서 존경받는 지위를 요구할 수 있었다. 왜냐하면 바그너협회의 창립과 확장의 일부는 그의 발의와 제안을 통해 이뤄졌기 때문이다. 바이로이트와 관련한 거대한 기업의 저고지告知는 축제극장을 건설하면서 재정적으로 지원한 바그너협회와 후원자들의 과제와 관계하고 있다.

니체는 스위스 바그너협회를 창설하기 위해 애를 썼다. 그러나 그곳에선 아무런 진척도 없었고 그 모든 노력은 결국 아무 성과 없이 끝났다(NW, 129).

4

철학자의 저서

니체는 우선 그의 위대한 그리스철학 연구서 중 미공개 부분들에 더욱 전념했다. 이 연구의 핵심은 소크라테스 이전 철학자들에 있다. 이때 '그리스의 비극시대에 있어서 철학'에 관한 중요 논문이 기획되고 있었다. 광범위한 부분들은 이미 완성되었었다. 1873년 부활절 방학 이후 곧바로 원고가 인쇄에 들어갔다(KGB II/3, 124).

그동안 보존하고 있던 조각글들Fragmente은 니체가 『비극의 탄생』에서 정했던 방향으로 계속 나아갔다고 생각한 것을 나타내고 있다(NW, 129). 어떤 인용구, 어떤 전거 또는 어떤 증명도 그의 주장들을 버팀목으로 받칠 수 없었다는 것을 보여 준다.

> "박학다식한 만족만을 감지하고자 하는 사람들에게 나는 쉽사리 그것을 충족시키지 못했다. 왜냐하면 나는 박학다식한 만족을 전혀 헤아리지 못했기 때문이다. 인용구가 부족하다"(GOA X, 176f).

니체는 전문가 동료들의 비판을 전적으로 무시했던 것 같다.

> "나는 이 책에서는 현재의 학자들을 고려하지 않고 있으며, 따라서 내가 그들에게 무관심한 인상을 주고 있는 것 같다. 그러나

만일 사람들이 진지한 일을 신중하게 숙고한다면 역겨운 광경으로 방해받지는 않을 것이다. 이제 나는 마지못해 그들에게 말하기 위해 나의 눈길을 그들 쪽으로 돌린다. 나는 그들에게 무관심하지 않다는 것을, 그들에게 그들이 내 곁에 있기를 소망한다는 것을 말한다"(KGB III/4, 39).

『비극의 탄생』에 대한 그릇된 수용을 신랄하게 비판하는 소리가 이 책의 머리말에 나와 있는 증빙자료의 문구들에 예리하게 드러나 있다.

"이 시대의 문헌학자들은 나와 내 책을 고려하기에는 적합하지 않은 것으로 증명되었다. 이 경우 내가 그들이 무엇인가를 배우기를 원하는지 원하지 않는지 스스로 결정하도록 내맡기는 것은 거의 당연하다. 그러나 내게는 어떤 방식으로든 그들의 요구를 들어주는 경향이 없다고 느낀다.

현재 '문헌학'이라고 불리고 있는 것, 내가 의도적으로 중립적으로만 명명하는 이것은 이번에도 내 책을 무시할 것이다. 왜냐하면 내 책에는 남성적 본성이 있고 이것은 유약한 남성에게는 쓸모가 없기 때문이다. 대신 그들은 교정베틀에 앉아 있는 것이 어울린다"(KGB III/4, 25f).

비록 목소리가 신경질적으로 들린다고 하더라도 그는 진정한 사랑으로 원고를 작성했다(KGB II/3, 127).

"지금까지 그리스철학의 하찮으면서 미라 같은 역사를 유용하
게 그리고 내면적으로 뜨겁고 밝게 하는 것은 그의 마음에 드는 계
획들에 속한다"(Leben FN II, 123f).

니체의 여동생은 오빠의 모든 미완성된 작품 가운데서 (자기의 오
빠야말로) 『그리스의 비극시대에 있어서 철학』을 여러 해 동안 가장
중요시했다고 진술했다.

5
|
명예회복을 포기하다

『비극의 탄생』의 생성에 관한 역사를 다시 한번 논의해 보는 것
이 바람직할 것 같다. 1871년 4월에 니체가 2-3일 동안 트립셴에
머물면서 그곳에서 축제극장 건립 준비 상황에 관해서 들었을 때,
그는 최종적으로 그리스철학을 포기하고 바그너 전문저서를 쓰기
로 계획을 바꾸었다. 이와 유사한 일 때문에 2년 후에 니체는 철학
적 저작물의 집필을 중단했다. 부활절 방학 이후 그는 원고를 탈고
하기를 기대했다. 그러나 부활절 날 그는 바이로이트에서 사업상

의 재정적 곤란에 관하여 들었고, 현재의 투쟁에 참여하는 것을 자기의 의무라고 생각하게 되었다(Leben FN II, 126). 그는 『반시대적 고찰Unzeitgemäße Betrachtung』이라는 제목으로 나온 일련의 저서들을 통해 고귀한 바이로이트(바그너의 가극) 이념을 촉진하길 기도했다. 그에게 리하르트 바그너는 가장 아름다운 의미에서 반시대적이었다(KGB II/1, 42). 니체는 이 부활절 날 바이로이트에서 자기의 여러 철학저서들에 포함된 고유한 철학적 입장들에 관해 강연했다. 그와 동시에 그는 바그너가 고대 그리스의 비극과 문화에만 관심이 있고 자신의 예술 및 문화의 개혁 계획에는 특별히 관심을 두지는 않는다는 인상을 받았다. 그러나 니체의 문헌학적 부활이 시작되고 있는 징후가 코지마에 의해 알려졌다. 코지마는 1872년 크리스마스에 니체가 그녀에게 보냈던 조각글로 이루어진 논문들로부터 '호머의 시합Homer's Wettkampf'을 상세하게 기술하는 부분을 보고 싶어 했다. 왜냐하면 코지마가 보기에 이러한 주제는 문헌학적 부활에 있어 가장 그럴싸한 것으로 생각되었기 때문이었다(NW, 131). 코지마는 니체가 문헌학적 진로로 걸어 나갈 것을 바라고 있었다(KGB II/4, 188f). 다른 한편으로 코지마는 니체가 철학을 멀리할 것을 기대했다. 왜냐하면 철학은 이미 쇼펜하우어에서 그 한계가 나타났다는 견해를 바그너와 공유하고 있었기 때문이다.

바이로이트에서 사람들은 니체가 문헌학자로서 인지되었다는 사실에 관심이 있었다. 그러나 니체는 자신이 바그너 숭배자로서 인식되는 것을 꾀하기도 했다. 그는 자기의 철학적 경향에 상응하는 간행물을 창작하고자 했으며 그와 동시에 최종적으로 다년간의 연구와 사전에 준비된 평가를 포기했다.

6
|
반시대적 고찰들

『그리스의 비극시대에 있어서 철학』은 부정되었다. 그 대신 문화개혁을 기도하는 바그너의 투쟁을 지지하는 계획과 총서 시리즈가 있었다. 1873년과 1876년 사이에 나온 『반시대적 고찰』총 네 권 가운데 세 권은 바그너와 그의 사업에 전념했다. 이 책의 마지막 권인 제4권 『바이로이트의 리하르트 바그너』는 그것을 당연한 것으로 인정했다. 제3권 『교육자로서의 쇼펜하우어』는 쇼펜하우어에 대한 바그너의 편애를 쾌히 받아들였다(JN, 361). 오늘날 가장 중요한 저서로 간주하여 취급하고 있는 제2권 『삶에 있어서 이익과 불이익』은 결코 바그너 전문저서가 아니다. 이 저서는 바이로이트에서 주의를 환기할 정도로 알려졌다. 그 저서의 서두를 사람들은 '매우 추상적'인 것으로 느꼈다. 추종자들 역시 그렇게 느꼈다.

코지마는 니체를 바그너의 견해에 접근시키는 것을 자기의 과제라고 생각했다. 코지마는 니체에게 엄정하게 수행된 추상화는 하나의 오류, 즉 하나의 아름답고 뚜렷한 오류, 그러나 논쟁에서의 오류일 것이라고 쓰고 있다. 니체는 자신의 사상 때문에 코지마를 따를 수 없었을 것이다. 코지마는 니체가 오랫동안 빈번하게 이와 같은 저서를 수정하고 보완하는 작업을 참고 견뎌 나간다면 그러한 노작은 명료하게 알려질 것이며, 그 파급 효과는 엄청날 것을 확신하고 있었던 듯하다. 비난받을 만한 코지마의 '소원'을 니체가 수락할 수 있도록 하기 위해 코지마는 저서를 집필 중이던 니체의 행복한 감정에 호소했다.

> "나는 당신이 노작의 결과물들이 출판된 이후 그 저서들에 기쁨을 느끼지 않을지 모르지만, 적어도 수정하고 보완하는 단계에서는 가능한 한 오랫동안 기쁨을 끄집어내어 만끽할 수 있으며, 따라서 예술가의 작품을 즐거운 마음으로 다듬을 수 있기를 바랍니다"(KGB II/4, 447-453).

코지마는 예리하고 민감한 젊은 니체가 이 문장 한 줄 한 줄을 어떻게 받아들일지 예견할 수 없었다. 그렇기 때문에 그가 쉽사리 받아들일 수 있는 것을 많이 지시하고 있다고 하더라도 그 지시들 가운데 한 가지만은 실천하리라는 기대 속에 자신의 편지를 14면이나 늘렸다(NW, 132).

니체의 여동생은 이미 니체가 바이로이트로부터 많은 점을 기대했다는 것을 당연하다고 생각했다.

"니체는 사람들이 바이로이트에서 자기를 바그너 전문저술가로
만 간주했다는 것을 알고는 매우 불쾌하게 생각하고 있었다. 자기
를 이러한 편협 속으로 몰아넣는 것은 생각만 해도 끔찍한 일이었
다"(Leben FN II, 144).

7

바그너의 부추김

『반시대적 고찰』 3, 4권(제3권 『교육자로서의 쇼펜하우어』와 제4권 『바
이로이트의 리하르트 바그너』)은 그 당시에는 또 하나의 바그너 전문저
서였다. 그러나 제1권, 즉 이미 출간되어 나온 바그너 전문저서라
는 그 제목(『반시대적 고찰 I』)은 아무것도 예감케 하지 않았다. 제1권
은 바그너에 의해 고취되었다. 왜 니체는 곧바로 슈트라우스David
Strauß에게서 등을 돌렸는가? 니체의 여동생이 이 물음에 대하여 다
음과 같이 자기의 견해를 밝혔다. 즉 그것은 천재에게 흔히 있는 불
안, 그의 작품이 야기할 사태에 대한 예리한 예측, 그리고 슈트라우
스 특유의 쾌적함의 모습에서 느끼는 반감이 작용한 데서 나타난 결
과이다. 슈트라우스가 공연한 쾌적함의 사자가 되었다는 것은 그녀
의 오빠를 격분시켰다. 니체의 격분은 바이로이트에서, 즉 바그너
와 코지마에 의해 부추겨졌다. 부활절에 바이로이트를 방문했을 때

슈트라우스의 최신작이 화제의 중심에 있었다. 니체는 이때까지 이 책을 정확하게 알고 있지 못했다.

바그너는 슈트라우스에 관하여 수없이 조롱하고 혐오감을 표출했다. 이에 따라 니체는 슈트라우스를 비판한 논문을 알렸고, 복귀 이후 슈트라우스에 대한 이러한 공격을 담은 총서를 발간하기로 결심한다.

8
문장가로서의 바그너

니체가 아직도 바그너와의 좋은 우정관계에 있었던 시기에 오스카 블루멘탈Oskar Blumenthal은 다음과 같은 시로써 바그너를 비꼬았다.

> 그는 쇼펜하우어를 아주 탐욕스럽게 집어삼켰다.
> 그의 위는 불량한 소화기관
> 이제 《트리스탄과 이졸데》의 텍스트가 귀에 들어온다.
> 철학적 트림처럼

철학적 트림은 특히 중요한 것으로서 바그너 시의 언어적인 특성과 관련이 있다. 많은 세대를 걸쳐 《트리스탄과 이졸데Tristan und Isolde》

를 인용한다는 것은 즐거운 일이었다. 시인으로서가 아니라 음악가로서 바그너가 존경받기 시작한 이후에 그의 언어의 특성에 관한 자극은 쇠퇴했다. 바이로이트의 니벨룽겐 축제극의 창립연도에 여론의 높은 비등이 일어났다. 에밀 쿠E. Kuh는 다음과 같이 문제를 제기했다.

> "성실한 비평가가 어떻게 리하르트 바그너의 순수한 자유, 굴곡, 비틂 등으로 이루어진 가극 극본을 경탄하고 찬양할 수 있으며, 다른 측면으로는 슈트라우스의 산물을 혐오스러운 기형아로 간주하고 낙인찍을 수 있을까?"(S, 645).

니체는 나중에 자기를 조준한 논증을 자기화했고 『즐거운 학문』에서 바그너가 언어의 퇴폐에 대해 격노함에 비록 그의 스타일 자체가 온갖 궤양과 종기로 병들고 심히 고통을 겪고 있다고 하더라도, 그런 현상을 본 쇼펜하우어를 격분시켰다는 것을 숨기지 않았다. 쇼펜하우어적이었다(KGW V/2, 131f). 니체의 유고에서는 에밀 쿠가 『비극의 탄생』에 관해서 생각한 것에 가까워진 표현이 발견된다.
니체는 다음과 같이 말한다.

> "바그너의 문체 역시 그의 제자들에게 전염되고 있다. 바그너 숭배자의 독일어는 가장 완곡한 무의미이다. 그것은 그 후 셸링적인 것으로 쓰였다. 바그너 자신은 쇼펜하우어가 격분한 저 운동의 스타일리스트로서 귀속한다"(KGW VIII/3, 303).

불쾌하게 감지된 부분들 가운데 한 곳에서 니체는 타조 같은 교양속물들을 벌레들과 비교한다.

9
교양속물

쿠는 니체가 자기 우월감에 빠져 독일 지식인들을 교양속물들로 선언한 것에 화를 냈다.

스스로 뮤즈Muse의 아들이자 문화인이라는 망상에 사로잡혀 살고 있지만, 실제로는 속물적 족속에 지나지 않는 자칭 '교양시민'을 니체는 '교양속물'로 이해했다.

> "주지한 바와 같이 속물이란 말은 학생생활에서 추론되며 넓은 의미에서, 아니 아주 대중적인 의미에서 뮤즈의 아들, 예술가, 진정한 문화인의 반대를 지칭한다. 그러나 교양의 속물은 … 하나의 미신을 통해 속물이라는 종의 일반적 관념으로부터 구별된다. 즉 그는 스스로 뮤즈의 아들이고 문화인이라는 망상에 빠진 것이다. 이것은 이해하기 힘든 망상이다. 따라서 이 망상 때문에 그는 속물이 무엇이며 그 반대가 무엇인지를 전혀 알지 못한다. 그러므로 그가 엄숙하게 스스로 속물이라고 선언할지라도 우리는 전혀 이상

하게 생각하지 않는다. 이처럼 자기인식이 결여되어 있음에도 불구하고 그는 자신의 '교양'이야말로 진정한 독일문화의 두드러진 표현이라고 생각한다. 그리고 그는 곳곳에서 자기와 같은 종류의 교양인을 발견한다(KGW Ⅲ/1, 161). … 송장은 구더기에게 멋진 생각이고, 구더기는 모든 생명체에게 끔찍한 생각이다. 구더기들은 비만한 몸속에서 천국을 꿈꾸고 철학교수들은 쇼펜하우어의 창자를 파헤치는 일에서 천국을 꿈꾼다. … 슈트라우스적 속물은 우리의 위대한 시인과 음악가의 작품 속에서 벌레처럼 살고 있다. 이 벌레는 파괴하면서 살아가고, 먹어 치우면서 경멸하고 소화하면서 숭배한다"(KGW Ⅲ/1, 184).

이와 같은 종류의 논리적 귀결에는 니체의 저서들이 출판된 이후 50년이 지난 시점에서 어떻게 평가받을 것인지가 나타나고 있다.

10
벗들의 비난

슈트라우스와의 결별은 자기의 벗들에게조차도 완전한 동의를 얻지는 못했다. 1873년 8월 8일에 『반시대적 고찰』이 바이로이트에 있던 바그너의 수중에 들어왔다. 바그너는 그 저서의 결론에 대해서 불만족스러워했고 불쾌하고 편협한 표현들을 사용하여 비판했다(CW I, 714).

니체를 마음에 들어 한 말비다 폰 마이젠부크Malwida von Meysenbug가 1주일 후에 바이로이트에 손님으로 왔을 때 니체는 다시금 신간저서에 대해 들려주었다. 코지마는 다음과 같이 기록했다.

> "저녁마다 마이젠부크에게 주어진 니체의 소책자를 읽었을 때 실망한 가운데 그 책의 많은 점에서 불유쾌한 인상을 받았다"(CW I, 717).

마이젠부크의 증언에 의하면 바그너의 불유쾌한 인상 역시 코지마의 비판 때문에 자제되지 않았다.

마이젠부크는 바그너가 자신의 양녀에게 슈트라우스에 관한 니체의 첫 작품에 대해 혹평했다고 이야기하고 있다. 마찬가지로 마이젠부크도 니체에 대한 혹평을 자제하진 않았다. 사람들은 라이프치히에서 다소 탐탁지 않은 반응을 보였다. 리츨 교수 역시 교양속물이라는 데 경멸을 느꼈다(KGB II/6, 99). 니체가 다시 한번 라이프치히에 왔을 때 리츨 교수의 집에서 격렬한 논쟁이 일어났다. 니체가 이 자리에서 말했던 것은 에밀 쿠가 니체에 반대해 주장했던 것과 어느 정도 일치했다. 원로교수인 리츨은 시인으로서 바그너에 관하여 광적으로 비난하기 시작했다. 사람들은 슈트라우스에 대한 니체의 과도한 비판과 조야함을 질타했다.

독일은 마치 개구쟁이 같은 시절에 놓여 있다. 그 때문에 니체 또한 개구쟁이 짓을 할 권리를 얻고 있다. 결론적으로 말해서 사람들은 니체가 자기를 비난한 자들을 경멸한다고 주장한다. 니체의 전체적 인상은 절망적이었다(KGB II/3, 187, 193).

11
|
공정하지 못한 교수의 비난

니체의 저서가 스위스 사람들의 사회에 어떤 인상을 주었는지는 니체가 토리노Torino에서 정신붕괴에 이르기까지 완전한 존경을 보였던 두 사람의 판단, 즉 고트프리트 켈러Gottfried Keller와 야콥 부르크하르트Jacob Burckhardt의 판단에서 나타난다. 1887년 니체는 켈러를 독일의 살아 있는 유일한 시인으로 생각한다고 말했다(KGB III, 201). 켈러는 빈의 에밀 쿠에게 다음과 같이 쓴다.

"나 역시 니체 소년이 쓴 것 같은 슈트라우스에 대한 소책자를 읽기 시작했습니다. 그러나 그 팸플릿을 모든 긍정적인 성과나 오아시스 없는 욕설 조의 단조로운 스타일 때문에 결코 끝까지 읽지 못했습니다. 니체는 26세 정도의 젊은 교수이고 라이프치히대학의 리츨 교수의 제자면서, 다른 영역에서는 세인의 주목을 끌고자 과대망상을 행하고 있는 것으로 생각됩니다."

야콥 부르크하르트가 어떻게 생각했는지는 페터 가스트Peter Gast에 의해 다음과 같이 전해진다. 슈트라우스에 관한 숙고 이후 부르크하르트는 다음과 같이 말했다.

"니체! … 그는 한 번도 건강할 수 없었다"(Overbeck u. Nietzsche I, 52).

이 인용문에서 생략된 부분이 무엇을 의미하는지는 전해지지 않고 있다. 켈러는 『비극의 탄생』조차도 부르크하르트에게는 불쾌한 인상을 주었다고 이야기하고 있다.

"『비극의 탄생』이 출간되어 나왔을 때 부르크하르트는 나에게 결코 찬사를 표명하지 않았고, 그 책을 두고 사람들이 근본적으로 악의를 은폐한 신랄한 아이러니였다는 것을 말할 정도로 즐겁지 않은 찬사를 표명했다"(Zeitschrift, 7, 39).

12
|
칼의 그림자 아래에서

니체는 가명으로 슈트라우스에 대한 비판서를 출판하려는 생각을 품고 있었다. 그는 자기 벗들에게 커다란 기만이 실행될 때 캄캄

한 밤과 같은 침묵을 간청했다. 그러나 훗날 이 저서를 강력하게 고려했을 때 그는 자기 이름이 그 저서에 의해 알려졌던 것에 매우 만족해했다. 그 저서가 일으킨 소동을 그는 모든 의미에서 인상 깊게 발견했다(KGW VI/3, 315). 그 저서는 그로 하여금 칼을 뽑는 것이 그 자신에게 기쁨을 준다는 사실을 깨닫게 했다. 그의 파라다이스는 그의 칼 아래에 있었다. 이 슈트라우스 비판서를 통해 그는 사회에서는 결투로 들어가야 한다는 스탕달Stendhal의 격률을 실천했다(NW, 141). 그러므로 니체는 그의 슈트라우스 전문저서를 정신착란 직전인 1888년에 보았다.

그러나 그의 여동생도 동의한 바와 같이 니체는 자기의 칼의 그림자 아래서 파라다이스를 발견한 전사 유형은 아니었다. 슈트라우스가 이 저서의 출판 직전에 죽었다는 것을 알았을 때, 그는 슈트라우스가 이 책 때문에 번민하다가 죽었다고 자책했다. 그는 게르스도르프에게 보내는 한 편지에서 다음과 같이 쓴다.

"어제 사람들이 다비드 슈트라우스를 물었네. 나는 그의 마지막 삶의 시간이 곤란하지 않기를 무척 원했을 뿐 아니라 그가 나에 대해 그 어떤 것도 아는 바 없이 죽었기를 무척 원했네. 그것이 나를 다소 괴롭게 만들었네"(KGB II/3, 200).

그럼에도 슈트라우스는 니체의 저서를 읽고 있었다. 그는 니체와 바그너 간의 밀접한 관계를 몰랐기 때문에, 니체가 '노인과 새로운 신앙' 때문에 어떻게 이와 같은 분노에 빠질 수 있었는지 설명할 수 없었다.

13
|
치명적인 놀람

니체는 자기의 『반시대적 고찰』을 두고 한탄했다고 주장했다. 이 일은 니체가 강력하며, 하물며 치명적인 영향을 자기 저서 탓으로 돌리고 있다는 것을 보여 줄 뿐만 아니라 저작상의 다툼에 있어 치명적인 상처를 준 것으로 생각했음을 보여 주고 있기도 하다. 게르스도르프에게 보내는 편지에서 니체는 다음과 같이 쓴다.

> "우리를 치명적으로 적중시킨 탄환들이 총과 대포로부터 발사
> 될 수는 없다"(KGW II/1, 162).

이러한 관점에서 본다면 니체가 바그너의 이반離反 때문에 죽음의 가장자리에 서 있다고 믿는 것이 설명된다. 덧붙여 말하자면 슈트라우스와의 사건은 바그너의 죽음에서도 반복되었다. 니체는 여기서도 얼마 동안 바그너가 그의 저서를 읽는 도중에 죽었다고 생각했다.

14
|
니체의 비독립성

슈트라우스는 어떻게 니체가 이와 같은 분노에 빠질 수 있었는지 자문해 보았다. 슈트라우스는 니체가 바그너의 영향 아래 있었다는 것을 알지 못했다. 특히 슈트라우스 전문저서에서 이러한 영향이 명백히 드러나고 있다. 이러한 영향이 트립셴에서도 바이로이트에서도 저녁 대화의 결과로 생겼기 때문에 바그너 자신이 그것을 우리에게 말할 수 있었다. 그러나 그는 코지마와의 대화에서도 그렇다고 말했다. 코지마는 그것을 적어 두고 있었다. 바그너가 니체에게 영향을 미칠 때의 모습은 마치 최면술을 거는 것과 비슷했다. 1882년 6월 24일에 코지마는 다음과 같이 적는다.

"우리는 니체가 본래 어떤 예지도 가지고 있지 않았지만, 최면술에 걸려 있었다는 데서 니체 사유의 특이한 본질을 요약할 수 있다"(CW I, 106).

바그너가 죽기 며칠 전인 1883년 2월 4일 코지마는 다음과 같이 적는다.

"니체는 자기의 고유한 사상도 가지지 않았으며, 자기 자신의

피도 가지지 않았고 모든 것이 그에게 쏟아부어진 다른 사람의 피
일 것만 같다"(CW II/1, 106).

사실 니체가 자기의 고유한 사상을 가지고 있었다는 것은 이미
다 알려진 진실이기에 여기서 코지마의 발언에 논박하여 새삼스럽
게 설명할 필요는 없을 것 같다. 다른 한편으로 바그너의 판단이 전
혀 근거가 없는 것은 아니었다. 바그너는 수년간 니체에게 강력한
영향을 미치려 했으므로 어느 정도 니체가 영향을 받을 수 있었다는
점을 알고 있었다. "모든 것이 그에게 흘러 들어간 낯선 피이다."
『비극의 탄생』의 주제 범위 또한 이러한 말로써 해석되었다. 특히
아폴론적인 것과 디오니소스적인 것이라는 두 가지 대립항이 이러한
말로써 해석되었다. 그렇지 않아도 니체가 바그너의 영향 아래서 이러
한 대립의 배치에 서 있었다는 점은 편지들과 계획을 통해 밝혀졌다.
여하튼 코지마와 바그너가 언표한 이러한 논평들은 니체에 대한
적대감에서 나온 일방적, 독단적, 그리고 편협한 생각들의 일단에
불과하다고 보아야 할 것이다. 물론 젊은 날 자기의 우상으로 깊이
존경하던 바그너와의 밀접한 관계와 사교가 니체의 철학사상 형성
에 커다란 영향을 미친 것만은 부정하지 못할 명백한 사실이다. 그
렇다고 해서 니체의 철학사상 자체가 자기의 고유한 사상이 아니고,
마치 바그너의 사상에서 유래한 것처럼 비독자적인 사상으로 규정
하는 것은 아주 완벽히 그릇되고 독단적인 판단이다.

15
|
제물

니체와 바그너, 이 두 사람 간의 비할 바 없는 유일무이한 우정관계에서 누가 우월한 자였으며, 이러한 우정이 깨져 니체와 바그너가 투쟁하는 상황으로 변질된 책임이 누구에게 있는지는 문제가 되지 않는다. 여기서는 니체가 『비극의 탄생』을 쓰면서 아폴론과 디오니소스라는 대립개념을 내세웠을 때 바그너로부터 얼마나 강력한 영향을 받고 있는지 살펴보는 것이 더 중요하다. 니체는 바그너에게 다음과 같이 글을 써서 보냈다.

> "우리가 당신을 알지 못했다면 우리는 도대체 무엇이었을까요.
> … 사상의 측면에서 항상 당신에게서 멀리 떨어져 산다는 생각은
> 나를 전율시킬 것입니다. 그 경우에 나는 진실로 사는 보람을 느끼
> 지 못할 것입니다. 나는 다음 시간에 무엇을 해야 하는지 전혀 몰
> 랐습니다"(KGB II/3, 153).

특히 "나는 다음 시간에 무엇을 해야 하는지 전혀 몰랐습니다"라는 이 마지막 문장은 통상적인 겉치레 말의 테두리를 넘어서고 있다. 따라서 그는 그것을 알고 있었다. 편지에는 1873년 5월 20일이라고 날짜가 적혀 있다. 바로 이 주에 그는 슈트라우스를 비방하는

문서를 작성했다.

위 편지를 쓰기 1년 앞서 그는 에르빈 로데에게 다음과 같은 편지를 보냈다.

"우리는 확실히 우리가 바라는 것을 최선의 고귀한 것으로 가지네. 그러나 바그너와는 다른 것을 가지지는 않네. 그 때문에 법률적 수단에 의하여 모든 것을 제물로 그에게 귀속하는 것, 우리 자신의 경작지에서 성장하는 것 …"(KGB II/1, 305).

엘리자베트 니체는 다음과 같이 확증했다.

"나의 오빠가 계획하고 창작했던 모든 것이 바그너와의 관계에서만 일어났다. 그는 그가 행했던 모든 것을 자문했다. 또한 이것은 바그너에게 옳은 것인가?"(Leben FN II, 203).

16
위버멘쉬

니체가 바그너와 바이로이트를 통해 받아들인 자극의 효과는 그가 바그너와 적대관계를 이루던 시기에도 역시 나타났다. 호프밀러

Hofmiller는 니체의 차라투스트라Zarathustra 형상조차도 바그너에겐 조로아스터Zoroaster의 위치로 소급한다고 주장하고 있다(Hofmiller, 29). 이와 유사하게 그것은 위버멘쉬에도 관계하고 있다. 위버멘쉬의 근원은 젊은 지크프리트 영웅Jung-Siegfried-Helden과 악룡을 퇴치한 자(전설상의 용사Drachentöter)에 두고 있다. 악룡을 퇴치한 자는 이미 『비극의 탄생』에서 대담한 행보와 자랑스러운 긍지로써 허약한 낙관주의 교의에 등을 돌렸다. 점차 이 악룡을 퇴치한 자는 유사·다원주의적인 모범으로 변했다. 바그너의 구원의 자리에 니체의 초극超克의 개념이 들어섰다(NW, 145).

니체의 위버멘쉬는 세기 초에 강력한 평가절상을 경험했다. 2세대 이후에 위버멘쉬는 교회의 그리스도상像과 마찬가지로 인류의 이상이었다(NW, 145). 양자는 본질적인 특징에 있어 일치했다. 그러나 니체는 어떻게 해서 위버멘쉬라는 말에 이르렀는가? 이 물음에 대해서 수많은 니체 연구들이 입장을 정했다. 한 입장에 따르면 기숙사 시절의 연습장을 검사한 결과, 7세 때 '위버멘쉬적인'이라는 말을 사용했고, 게다가 연습장의 같은 곳에서 '천국Überhimmel'이라는 말이 발견되었다(NW, 145).

다른 한 입장은 니체가 루터Luther, 헤르더Herder, 괴테Göthe로부터 위버멘쉬를 감지했고, 이러한 위대한 사람들이야말로 니체를 자극한 사람들이라고 일컬었다. 이는 덧붙일 수 있는 책들을 상세하게 살펴볼 경우에 밝혀진다(NW, 145).

니체가 소장한 책들 가운데 바이로이트의 축제극장에 관한 마르틴 플뤼데만Martin Plüddemann의 저서가 있었다. 이 축제의 개막을 위해서 니체조차도 『반시대적 고찰』 제4권을 출판했다. 니체는 플뤼데만의 저서를 더 정확하게 들여다보았다. 왜냐하면 이 책에서 마침내 『비극의 탄생』이 긍정적으로 논평되었기 때문이다. 플뤼데만은 『비극의 탄생』을 심오한 책이라고 일컬었다. 또한 그는 문헌학자들이 머리를 가로저었고, 아마도 니체가 머리가 실성한 것이 아니냐고 생각했다고 언급했다. 또한 니체의 《트리스탄과 이졸데》 이해를 게재한 부분에는 위버멘쉬라는 말이 나와 있다.

> "바그너는 그의 시에서 위버멘쉬를 표현했다. 그것에 따라서 오케스트라에서는 현실적 인간의 가슴속에 우리의 심장을 전하는 정열이 반복적으로 요동친다. 그러므로 니체 또한 창작자를 분쇄하지 않고는 《트리스탄과 이졸데》는 창작될 수 없었다고 경탄한다"(BB, 14).

음악의 힘에 의하여 배우는 변화하고 이제 위버멘쉬로서 우리 앞의 위협적이면서 무서운 힘 가운데에 선다. 위버멘쉬라는 이 말은 바이로이트 주변에 모여든 바그너 숭배자들에게 이미 떠올랐다. 그 말은 바그너가 중요한 자극을 받은 데 대한 감사를 드려야 했던 빌헬름 요르단Wilhelm Jordan에게서 이미 발견되었다. 요르단은 바그너보다 일찍 《니벨룽겐》을 썼고 마찬가지로 바그너 이전에 두운頭韻을 사용했다. 1869년에 그는 서사적인 중요한 자료들을 다루면서 자기의 사상을 『호머의 예술작품과 서사시』라는 저서에 써넣었다. 문헌학자로서의 니체에게 관심을 가질 수밖에 없었던 이 저서에서, 니체가 같은 해에 그의 취임 연설에서 취급했던 호머는 위버멘쉬로 표현되었다.

17
바그너에게 가한 최초의 비판

사람들은 니체가 바그너의 바이로이트 계획이 실패할 것 같은 시기에 바그너를 저버렸다고 니체를 곡해했다. 니체의 여동생 엘리자베트 니체는 다음과 같이 썼다.

"1874년은 어려운 걱정을 안고 시작했다. 바이로이트 계획은 마이스터가 기획했고 그러한 형식에 있어 실패했다는 것은 더 이상 의심의 여지가 없었다. 극장 건축을 계속하고 또 다른 준비를 하면서 자금이 부족했다. 그러므로 모든 작업이 정지될 수밖에 없었다. 나의 오빠는 심히 걱정했다"(Leben FN II, 224).

니체는 로데에게 다음과 같은 편지를 보냈다.

"내가 새해 이래 결국 특별한 방식으로서만 벗어날 수 있었던 그런 절망적인 상황이었네. 나는 그 계획이 실패했기 때문에 아주 냉철한 고찰로 연구하기 시작했지. 그와 동시에 나는 많이 배웠고 이전보다 지금 바그너를 더 잘 이해한다고 생각하네"(KGB II/3, 202).

니체의 여동생은 다음과 같이 쓰고 있다.

"이러한 비판적인 논평에 직면했을 때 나의 오빠는 괴로워했다. 왜냐하면 그가 계획들을 완수할 수 있으리라는 희망을 더 이상 가지지 못했기 때문이다"(WN, 184).

니체는 로데에게 다음과 같이 편지를 썼다.

"나는 현실적으로 잠시나마 희망을 전적으로 포기했네"(KGB II/3, 209).

바이로이트의 재정적 위기가 결국 바이에른Bayern의 루트비히 2세에 의해서 해결됐다. 루트비히 왕은 10만 탈러Taler의 신용대출을 승낙했고, 니벨룽겐의 축제공연을 구제할 수 있었다. 이 공연은 1876년 여름에 시작한다고 예고될 수 있었다. 위기가 감돌던 주週에 니체는 처음으로 바그너를 조준했던 잠언들을 기록했다. 바그너 주변의 사람들은 이러한 위기의 시기에 니체가 이 바이로이트 계획이 실패하지 않을까 하며 지나치게 우려를 한다고 곡해하고 있었다. 니체가 변호하고자 했던 바그너조차도 대부분의 인간들은 이와 같은 상황에 직면하면 니체와 같은 우려를 가질 수밖에 없다는 점을 시사했다. 그의 행동은 영웅적이라기보다도 이성적이었다. 니체는 그의 일을 이미 바그너와 바이로이트로 집중시켰다. 그러므로 그에게 있어 자기의 문화적 사명의 현실적인 기회에 관하여 명료화되는 것은 최고의 시간이었다. 그는 상황에 대한 냉정한 판단에 이르기 위해 이 기회를 잘 이용했다.

제4장

바그너의 가극에 대한
니체의 평가

1

『바그너의 경우』에 나타난 문제점

니체의 작은 책자인 『바그너의 경우』에 대한 사람들의 악평은 그 저서가 드러내고 있는 공격적이고 적대적인 어법語法, 즉 언어양식 및 표현법에서 비롯한 결과이다. 이러한 어법은 니체가 생애의 후반기에 감행한 바그너와의 담판, 즉 바그너에 대한 청산으로 이해된다. 그러므로 음악 전문가들뿐 아니라 니체에 정통한 사람들까지도 이 웅변적인 논박서를 단순히 무시하거나 신중하지 못한 태도로 비판하고 있기 때문에 여기에 상응하여 판단을 내리기는 곤란할 것 같다(TDM, 17).

빌헬름 푸르트뱅글러Wilhelm Furtwängler는 니체가 바그너에 대한 이 비판서를 집필하면서 '경멸과 조소'를 지니고 있었는지에 대해 묻는다(FWN, 134). 더욱이 뱅글러는 니체에게 항의하여, 니체가 개인적인 것과 객관적인 것을 구별하지 못했을 것이라고 비난한다.

베른하르트 디볼트Bernhard Diebold는 바그너와 그의 예술에 대한 니체의 논평을 ―모욕적인 익살과 사실 왜곡으로써 사람과 작품을― 과소평가한 최후의 논쟁으로 표시하고 있다(Revision, 15).

피서디스카우Fischer-Dieskau는 다음과 같이 말한다.

> "『바그너의 경우』는 근본적으로 풍자적으로 채색된 책이다. 이 책은 니체가 토리노에 처음으로 체재하는 동안에 쓴 팸플릿Pam-phlet이다"(WN, 278).

니체의 바그너 비판은 때때로 수준 이하로 떨어지곤 했다. 그 때문에 만프레트 에게르Manfred Eger는 다음과 같이 문제를 제기한다.

> "한 죽은 사람에 대한 이 악의, 이 증오, 이 복수심은 어디에서 비롯하는가? 이런 종류의 공격성은 항상 개인적인 동기들로 소급한다"(Krieg, 9ff).

이러한 평가들에 의하면 니체의 작은 책자들은 학문적인 접근 자체를 거부하고 있는 것처럼 보인다.

니체의 전기들은 물론 『바그너의 경우』를 언급하지 않을 수 없다. 『바그너의 경우』에서 언급하고 있는 견해들은 당황스럽고 전통적인 비판을 특징으로 하고 있다.

"『바그너의 경우』에서는 이미 명백히 바그너에 대한 혐오감정이 노출되었다. 바그너와 비교해 비제Bizet를 선택한 수법은, 특히 음악에 관해서는 보통 극히 분명했던 니체의 눈높이가 바그너에 대한 지나친 질투적 원한감정 때문에 얼마나 흐려졌던가를 보여 주는 것이다"(N, 127).

이보 프렌첼Ivo Frenzel 외에도 쿠르트 파울 얀츠Curt Paul Janz 역시 그의 방대한 니체 전기에서 악명 높은 저서 『바그너의 경우』에 전념한다. 그와 동시에 그는 논박과 감정으로부터 벗어나 나타났다는 것을, 즉 바그너의 예술에 대한 객관적인 평가가 니체에 의해 알려졌다는 것을 옹호하고자 했다. 얀츠는 바그너의 관현악단 연주와 그것이 가지고 있는 '무한선율'의 작곡 기법에 대한 니체의 소견을 따르고 있다. 그는 이렇게 하면서 『바그너의 경우』의 주제 선택, 즉 주제 설정을 다음과 같이 결론짓기 위해 비제와의 직접적인 비교를 통해 '무한선율'을 철두철미하게 문제 삼고 있다.

"『바그너의 경우』는 충실한 해명 이외에도 악의적이면서 혐오스러운 혹평들로 구성되어 있다. 또한 여기에는 주목할 만한 가치가 있는 유머도 나타나 있다"(NB II, 610).

여하튼 얀츠가 우선 『바그너의 경우』를 혹평으로 간주하는 것은 분명하다. 왜냐하면 얀츠가 생각한 바로는 니체의 충실한 해명이란 것도 이 저서의 본질적인 것으로는 규정되지 않기 때문이다.

음악 연구를 통한 『바그너의 경우』에 대한 경시는 이미 언급한 바와 같이 제법 많은 부분 니체의 인간적 성향과 관련 있다. 정확하게 말하자면 실천적 음악가로서 그의 능력에 관계하고 있다. 1976년 얀츠가 편집한 니체의 음악적 유고는 창조적 음악가로서 니체의 부족한 능력을 드러낼 수 있는 여지를 주었다(MN, 600).

더욱이 에케하르트 크로어Ekkehart Kroher는 다음과 같이 쓰고 있다.

"발전도 성숙도 잘 알려지지 못한 작곡가 니체의 길은 그의 삶의 비극과 평행선을 이루며 감동적인 것으로 나타나고 있다" (Erinnerung, 503).

니체는 자기가 생존하고 있는 동안 가련한 작곡가라는 비난을 받고 있음을 인지하고 있었다. 리하르트 폴Richard Pohl은 1888년에 『바그너의 경우』에 대한 그의 반박 논문에서 이 저서의 가치를 평가절하하기 위해 니체가 음악 전문가가 아니라는 논증을 이용했다.

"음악에 대한 그의 판단은 전혀 우리의 관심을 끌 수 없다. 왜냐하면 그는 비음악적 성향을 가진 사람이기 때문이다. 그런데 가장 기묘한 일이 일어났다. 니체 선생님이 작곡을 했다"(NB I, 479).

또한 니체 전기에서도 확인되지 않은 것이지만, 폴은 바그너 전기에서도 니체가 바그너를 관람시킨 오페라를 작곡했다고 주장한 바 있다. 여하튼 폴은 자기의 추정에 따라 니체가 작곡한 것으로 보이는 오페라를 바그너에게 알렸을 것이라고 주장한다. 폴은 바그너에게 당신이 도대체 이 오페라를 어떻게 평가하느냐고 조심스럽게 물었다. 바그너는 "무의미한 짓거리!"라며 가볍게 답했다.

그의 비서이며 벗이기도 했던 ―니체에 의해 위대한 작곡가로 지칭되곤 했던― 페터 가스트에 대한 니체의 평가와 피아노 환상은 음악 부문에 있어 그의 부족한 평가능력을 드러내 준다. 취미 삼아 연주하곤 하는 바젤의 피아니스트로서 니체가 청중을 어떻게 골탕을 먹이고 있는지 마르틴 포겔Martin Vogel은 다음과 같이 그의 동시대에 일어난 한 퍼포먼스를 통해서 증명해 보인다. 어느 바젤 사교모임에서 니체는 피아노 연주를 간청받았다. 쑥스러워했던 니체는 마지못해 그 간청에 응했다. 그리고 니체는 곧바로 기분이 좋아졌다.

　　"그는 평상시에 사람들이 알고 있는 바와는 전혀 다르게 부자연
　　스럽고 격식에 맞게 행동하면서 스스로 의례적인 교수처럼 보이
　　려 했다. 그는 자기 자신, 기회, 장소, 시간을 망각하고 있는 것 같
　　았다. 그는 즉흥적으로 연주했다. 그 사교모임의 참가자들은 당황
　　했다. 본래 듣고 싶어 했고 들을 만하기를 바랐던 관현악 지휘자는
　　비웃고 안달이 났고 감정이 상했다"(NW, 229).

페터 가스트의 오페레타는 의심할 여지 없이 그 공연에서 니체

가 아무런 성과 없이 아르투어 니키쉬Arthur Nikisch에게 삽입한 익살, 간계, 복수였다. 그의 오페레타는 미리 미래를 결정하지 못했다. 그럼에도 니체는 6년이 지난 후에 『이 사람을 보라』에서 다음과 같이 쓴다.

"나는 로시니 없이 지낼 수는 없다. 음악에서의 나의 남쪽, 즉 베네치아Venezia의 작곡가 피에트로 가스티의 음악 없이는 더더욱 그렇다"(EH VI, 291).

그가 알프스 너머라고 말할 때, 진정 베네치아를 말하고 있는 것이다. 음악을 표현할 다른 단어를 찾아보면, 그는 언제나 베네치아라는 단어를 발견하게 된다. 그는 눈물과 음악을 구별할 수 없다. 그는 공포의 전율 없이는 행복과 남쪽을 생각할 수 없다(EH VI, 291).

어느 날 갈색의 밤

나는 다리에 서 있다.

아득히 먼 곳에서 들려오는 노래

황금빛 물방울

넘실거리는 강물 위로 솟아오른다.

곤돌라, 등잔불, 음악—

취한 채 어슴푸레 황혼으로 헤엄쳐 갔다.

...

나의 영혼, 하나의 현악 연주

은은히 감동하여

은밀히 곤돌라의 뱃노래를 불렀다.

현란한 행복에 겨워하면서

누가 그 노래 들었으랴? …

　음악 전문가로 자처하곤 하는 이러한 평가들은 『바그너의 경우』에 대한 총괄적인 혹평의 근거가 된다. 그 밖에 니체가 신랄하게 언표한 문장들에 대하여 경악한 대부분의 문헌학자들은 『바그너의 경우』에서 확실한 진리의 내용을 승인하는 진술들을 부정한다(TDM, 20).

　사람들은 아무런 거리낌도, 통제도 없이 언표하는 언어상의 형상을 근거로 거기에 상응하는 정신적 성향과 기초를 추론한다. 이러한 일괄적 총합에 있어 니체는 그의 반어법적 반립Antithese을 통해 일정 부분 책임을 떠맡는다(TDM, 20). 그러므로 마르틴 그레고어 델린Martin Gregor-Dellin은 니체의 문학상의 자극적인 놀이에 대한 일반적인 회의를 충고한다.

　"니체는 1888년에 음악가 카를 푹스에게 다음과 같이 쓰고 있습니다. '내가 비제에 관해서 말하고 있는 것을 진지하게 받아들이지 마십시오. 나에게 비제는 천 번이라도 고려되지 않고 있습니다. 그러나 비제는 바그너에 대한 반어법적인 반립으로서 매우 강하게 작용하고 있습니다.' 이 진술은 반어법적인 반립으로서 현안의 비도덕주의를 기초 짓고 있습니다"(RW, 757).

그 밖에도 그레고어 델린은 바그너와 니체 간의 단절, 뒤이어 나온 『바그너의 경우』에서 니체가 언표한 진술들이 제일 먼저 니체의 병과 바그너가 니체에게 가한 모욕에서 비롯한다고 주장한다(TDM, 20).

델린이 해석하고 있는 바와 같이 니체는 오토 아이저Otto Eiser를 통해 리하르트 바그너와 코지마가 수상한 성행위 방법(Onanie)을 보고받았다는 사실을 알았다. 델린은 이러한 사실을 다음과 같이 재현해 말하고 있다.

> "바그너는 너무 많이 알고 있었고, 니체는 바그너가 이 사실을 알고 있었다는 것을 감지하고 있었다. 그러나 니체는 특히 코지마 바그너가 이 사실을 알고 있었다는 것을 두고 그것이 얼마나 치욕스러운 것인지를 알고 있었다. 이 모욕의 가시가 너무 깊이 꽂혀 있었다. 이 상처는 치유될 수 없었고, 바그너의 죽음 이후에도 한 번도 치유될 수 없었다"(RW, 754).

니체가 모욕의 가시로 생각했던 아이저의 (수상한 성행위 방법에 관한) 보고에 얽힌 사건의 전모를 여기서 소상히 밝히는 편이 중요할 것 같다.

1877년 니체의 —바그너의 천거에 따라 받아들인— 주치의인 아이저는 신뢰받는 바그너주의자로서 바그너에게 충실한 추종자가 되겠다는 맹세를 했다. 오토 아이저는 의사로서 환자의 비밀을 지켜 주어야 할 의무가 있음에도 불구하고 바그너 부부에게 니체의 건강 상태에 관하여 서신으로 상세하게 보고했다.

바그너는 니체가 매일 수음Masturbation을 즐기고, 그 밖에도 성애性愛의 관점에서 볼 때 여성에게 사랑을 느끼기보다는 오히려 남성에게 사랑을 느끼고 있다고 암시함으로써 아이저에게 정신분석학적인 문제를 제기하기도 했다. 아이저는 바그너의 이러한 예측을 받아들였다. 바그너의 문제 제기에 동의한 아이저는 1878년 바그너의 추측에 따라 니체를 선의로 애처롭게 생각하고 있었다(FN, 44).

니체는 제정신을 유지할 수 있는 상태가 아니었다. 그로부터 5년 뒤에 니체의 노여움은 극에 달했다. 1883년 4월에 니체는 페터 가스트(본명 하인리히 쾨젤리츠Heinrich Köselitz)에게 바그너의 보고를 배반이라고 말했다. 동시에 니체는 코지마 바그너에게도 비판을 가했다.

"코지마는 다른 사람의 신뢰 속에 나를 몰래 기어들어 가게 해서 의도한 바를 모두 성공시키고 도망가 버리는 스파이라고 말했다네. 바그너는 악의에 찬 착상을 풍성하게 가지고 있는 것 같네. 말하자면 바그너가 자기의 주치의 (그가 추천한 나의 주치의이기도 한) 아이저에게 나를 호모로 시사했는가 하면, 나의 변화한 사유방식이 부자연스럽고 과도한 성생활의 결과인 것처럼 확신하는 견해를 표현하기 위해 아이저와 서신을 교환했다는 것을 자네는 어떻게 생각하는가?"(KGB Ⅲ/1, 365).

델린은 이러한 모욕의 '가시' 때문에 니체가 바그너에게서 멀어지게 되고, 따라서 그가 한때 깊이 존경하고 추종했던 우상에 대하여 논박하게 된 것으로 파악한다. 독일을 비롯한 몇몇 독일어 사용 국가의 음악 연구는 다음과 같은 네 가지 이유에서 니체의 후기 바그너 연구저서에 전념하고 있는 것으로 확인된다(TDM, 21).

첫째, 『바그너의 경우』가 생성된 시기에 니체의 정신적 명료성은 보증되지 않는다. 이 책은 일찍이 위선적인 외경에서 비밀리에 유통되기도 했다.
둘째, 니체는 음악 전문가가 아니다.
셋째, 바그너에 대한 반박을 지향하고 있는 니체의 비방문서의 반어법적, 즉 비꼬는 언어양식은 모든 학문적인 접근을 거부한다.
넷째, 니체는 단지 바그너와의 개인적인 청산에만 관심을 두고 있을 뿐이다. 포겔의 공식화를 받아들이기 위해 니체가 음악에 기여했다는 것을 받아들인다는 것은 무의미한 일이다.

2
바그너 음악의 반립으로서 비제의 음악

『바그너의 경우』에서 니체는 리하르트 바그너를 음악가가 아닌,

가극의 배우라고 비판한다.

> "바그너가 어디에 속하는지 나는 이미 설명했습니다. — 바그너
> 는 음악의 역사에 속하지 않습니다. 그럼에도 그가 음악사에서 갖
> 는 의미는 무엇이겠습니까? 그것은 음악에서 배우의 등장을 뜻합
> 니다"(FW VI, 37).

니체는 음악가로서의 바그너의 성실함이, 즉 바그너가 진정한 음
악가인지 이처럼 위험하게 의심되었던 적은 아직 없었다고 비판한
다(FW VI, 37).
'배우로서 바그너'는 니체의 바그너 비판에서 극치를 보여 주는
것 중 가장 짧은 상투어에 속한다. 그와 동시에 니체는 바그너의 음
악을 직접 비판하지 않고, 바그너가 그의 가극 가운데 음악을 옮겨
놓는 기능을 먼저 비판한다.

> "바그너는 천성적인 음악가는 아니었습니다. 그가 음악의 모든
> 법칙들, 좀 더 확실하게 말하자면 음악의 모든 양식을 포기해 버린
> 것이 그것을 입증하고 있습니다. 이것은 자기가 필요한 것, 즉 무
> 게 — 수사법, 표현수단, 몸동작의 강화수단, 암시수단, 심적 피토
> 레스크Psychologisch-Pittoresk(심적 우아)의 수단을 그것들로부터 만들
> 기 위해서입니다. 바그너는 이 점에서 일류 발명가이면서 혁신가
> 로 간주될 수 있습니다. — 그는 음악의 언어능력을 무한대로 증진

시켰습니다"(FW VI, 30).

지금 『바그너의 경우』를 상세하게 숙고한다면 니체가 제1장에서 제3장까지 비제에게 전념하고 있다는 점을 분명히 인식할 것이다.

니체는 바그너를 혐오하는 감정을 강력하게 표현하기 위해 비제를 찬양한다. 따라서 니체는 『바그너의 경우』에서 바그너에 대한 대조로서 비제를 유독 높이 평가한다.

니체는 비제의 작품을 20회에 걸쳐 감상했다. 그는 비제의 한 작품을 듣는 데 무려 5시간 이상을 한자리에 앉아 있을 정도로 비제의 음악에 푹 빠져 있었다고 고백한다(FW VI, 11).

"나는 어제 비제의 걸작을 스무 번이나 ─당신은 이것을 믿겠습니까?─ 들었습니다. 정신을 유연하게 다시 가다듬고 그것을 견뎌 내었으며 다시 그것으로부터 빠져나오지 않았습니다. 나의 초조함을 이겨 낸 것이 나를 놀라게 합니다"(FW VI, 11).

특히 니체는 비제의 《카르멘Carmen》을 들을 때 언제나 자기 자신이 더욱더 철학적인 것 같고, 때에 따라서는 아주 훌륭한 철학자가 된 것 같다는 생각이 든다고 말하고 있다. 니체에게 비제의 오케스트라 연주야말로 참아 낼 수 있는 유일한 연주이다. 이러한 비제의 음악에 비해서 바그너의 음악은 정반대이다. 니체에 의하면 바그너의 오케스트라 연주는 난폭하고 인위적이며, 그러면서도 순수해서 현대영혼의 감각에 말을 한다.

> "바그너의 오케스트라 연주는 나에게 얼마나 해로운지요! 나는
> 그것을 북아프리카의 지중해 연안으로 불어 대는 열풍인 시로코
> Sirocco라고 부릅니다. 불쾌한 땀이 솟구칩니다. 나의 기분 좋은 기
> 운이 사라져 버립니다"(FW VI, 11).

바그너의 오케스트라 연주와는 대조적으로 비제의 음악에 대해
서는 다음과 같이 쓰고 있다.

> "내 생각에 비제의 음악은 완전한 것 같습니다. 이 음악은 가볍
> 고, 탄력적이며 정중하게 다가옵니다. 이것은 사랑할 만합니다. 이
> 것은 땀을 흘리지 않습니다. 선한 것은 가볍고 모든 신적인 것은 부
> 드러운 발로 뛰어갑니다. 나의 미학의 제1명제입니다"(FW VI, 11).

니체가 생각하는 비제의 음악은 세련되고 숙명적이다. 이 음악은
한 개인이 아닌, 한 종족의 세련됨을 갖추고 있다. 이 음악은 풍부하
다. 이 음악은 간결하다. 이 음악은 짓고 조직하면서 완성된다. 이 음
악은 바다의 폴리펜Polypen(해파리), 즉 '무한선율'의 반대이다. 무대에
서 이 음악보다 더 고통스럽고 비극적인 악첸트Akzent는 없다. 비제
음악은 얼굴을 찡그리지 않고서! 위조 짓거리를 하지 않고서! 위대
한 양식이라는 허위도 부리지 않고 성취되었다(FW VI, 14).

비제의 음악은 청중을 지성인으로 간주하고, 심지어 음악가로 간주한다. 따라서 비제의 음악은 세계에서 가장 무례한 천재였던 바그너의 음악과 대조적이기도 하다.

비제의 음악을 듣는 사람은 더 나은 인간이 된다. 더 나은 악사ein besserer Musikant가 되기도 하고 더 나은 청취자ein besserer Zuhörer가 되기도 한다. 비제의 음악은 정신을 자유롭게 하고 사유에 날개를 달아 준다. 비제 음악은 들으면 들을수록 더욱더 철학자가 되도록 만들어 준다. 그러므로 니체는 비제 음악에서 다음과 같은 것이 감지된다고 쓰고 있다(FW VI, 14).

> "추상이라는 잿빛 하늘에 번개가 번쩍이며 지나간 듯합니다. 사물의 온갖 실물이 유리를 비추기에 그 빛은 충분히 강합니다. 커다란 문제점들이 거의 포착됩니다. 마치 산 위에서 내려다보듯 세계가 내려다보입니다. … 돌연 힘들이지 않고 해답들이 나의 품에 들어옵니다. 얼음과 지혜의 싸라기 우박이, 해결된 문제들의 싸라기 우박이 … 비제는 나를 비옥하게 만들어 줍니다. 모든 선한 것은 나를 비옥하게 만들어 줍니다"(FW VI, 14).

니체에 의하면 비제의 《카르멘》은 축축한 북방에 바그너적 이상이 만들어 내는 온갖 수증기, 즉 무의미하고 무가치하며 데카당한 음악에 이별을 고한다. 다시 말해서 그것을 부정한다. 비제 음악은 무엇보다도 열대지방에 속하는 것, 즉 건조한 공기, 투명한 대기를 갖추고 있다. 여기서는 모든 면에서 기후가 바뀌어 있다.

비제 음악에서는 다른 감성, 다른 감수성과 다른 명랑함이 감돈다. 직설적으로 말하자면 비제의 음악에는 앞으로 올 새로운 시대를 바라보는 감성적 능력, 그리고 진취적이고 역동적이며 긍정적인 열정이 솟아난다. 비제 음악이 담고 있는 감수성과 명랑함은 프랑스나 독일의 명랑함과는 전혀 다르다. 그 명랑함은 아프리카적이다. 그것은 숙명을 지니고 있으며, 그 행복은 짧고 갑작스럽고 가차없다. 이러한 명랑함은 행복을 획득하는 순간에 기존 일상의 모든 것을 가차 없이 파괴해 버리는 역동성을 시사한다. 유럽의 교양 있는 음악에서, 즉 지금까지 바그너 음악에서는 표현되지 않았던 이러한 감수성과 명랑함에 대해 니체는 부럽다고 말한다(FW VI, 15).

니체는 바그너의 음악과 지극히 대립적인 경향을 가장 사실적으로 보여 주는 대표적인 작품으로서 비제의 오페라인 《카르멘》을 제시한다. 이 《카르멘》에는 위에서 언급한 비제 음악의 감수성과 명랑함, 특히 자연, 사랑, 건강, 청춘, 미덕이 잘 구현되어 있다.

비제가 《카르멘》에서 다루고 있는 사랑은 자연으로 다시 옮겨진 그런 사랑이다(FW VI, 15). 여기에는 자연으로 돌아간 사랑, 즉 '고귀한 처녀'의 사랑이 없다. 《카르멘》에 나타난 사랑은 바그너의 《방랑하는 네덜란드인Der Fliegende Holländer》에 나오는 주인공 젠타Senta의 감상이 아니고, 오히려 운명으로서의 사랑, 숙명으로서의 사랑, 냉소적이고 순진무구하며 잔인한 사랑이다. 그리고 그 속에는 자연이 깃들어 있다. 이 사랑에는 남녀가 죽음에까지 이르는 철저한 증오와 투쟁이 있다(FW VI, 15). 사랑의 본질인 비극적인 위트가 이보다 더 강렬하게 표현된 작품은 드물다(게르만 신화, 255). 다시 말해 사랑의 본질을 이루고 있는 비극적 장난이 그렇게 강렬하게 표현되고 그렇게 공포스럽게 공식화된 경우는 《카르멘》 이외에는 없다시피 한 것 같다. 니체는 그렇게 역설하고 있다. 작품 《카르멘》의 맨 끝에서 돈 호세Don José는 다음과 같이 절규한다.

> "그렇다! 내가 그녀를 죽였다.
> 내가 — 나의 사모하는 카르멘을!"(KSA VI, 15).

사랑을 이처럼 이해하는 것은 —철학자들에게 어울리는 유일한 사랑에 대한 이해— 드문 일이다. 모든 사람이 그렇듯 예술가들도 사랑을 오해한다. 바그너 역시 사랑을 제대로 이해하지 못했다. 예술가들은 사랑이 자기 자신의 이익에 배치되더라도 다른 사람의 이익을 바라고 다른 사람을 위해 헌신하는 일이라고 믿는다(KSA VI, 16). 말하자면 그들은 사랑은 이타적이라고 생각한다. 그러나 그 대신 그들은 다른 사람을 소유하기를 바란다. 이 점에서는 신마저도 예외는 아니다. 그러니까 사랑은 모든 감정 중에서 가장 이기적이다. 그렇기 때문에 상처를 받게 되면 가장 관대하지 못하게 된다. 그러나 《카르멘》은 자연, 건강, 명랑, 젊음, 미덕으로의 회귀를 보여준다(게르만 신화, 255).

니체는 이처럼 비제를 찬양하는 가운데 한때나마 자기도 바그너를 숭배하고 추종한 바그너주의자였다고 회고한다.

> "나는 가장 부패한 바그너주의자들 가운데 한 사람이었습니다.
> … 나는 바그너를 진지하게 받아들일 수 있었습니다. … 아, 이 늙
> 은 마술사! 그가 우리에게 보여 준 모든 것은 무엇입니까? 그의 예
> 술이 우리에게 제공한 첫 번째 것은 확대경입니다. 사람들은 그 안
> 을 들여다보고 자신의 눈을 믿지 못합니다. 모든 것이 거대해지고
> 바그너마저도 거대해집니다. … 얼마나 교활한 방울뱀입니까! 이
> 뱀은 우리에게 헌신, 성실, 순수의 방울을 먼저 딸랑거리며 삶 전
> 체를 기만하도록 했습니다. 이 뱀은 순결을 찬양하면서 부패한 세
> 계에서 자신의 몸을 빼냅니다! 그리고 우리는 이 뱀의 이런 점을
> 믿었습니다"(KSA VI, 16).

그럼에도 니체는 바그너의 문제의식이 비제의 문제의식보다 더
심각하다고 비판한다. 물론 니체는 바그너의 문제의식을 낮게 평가
하지는 않는다. 그것은 그것 나름의 존경할 만한 점을 가지고 있다
고 평가하기도 한다. 구체적으로 말해서 바그너가 깊이 생각해 온
구원의 문제가 그것이다. 구원의 문제는 사람들의 눈길을 끌어들일
만큼 마력을 지니고 있다. 구원의 문제는 특히 바그너의 오페라에
서는 핵심적인 주제이다.

바그너는 허무와 구원에 대해 똑같이 깊이 고뇌하고 사유했다.
따라서 바그너의 오페라는 구원의 오페라로서 순결함이 죄인들을

구하는 것을 주제로 삼는다. 니체는 비꼬는 말투로 바그너의 오페라들을 일일이 거론하면서 그것을 예증한다(게르만 신화, 255).

"어떤 사람은 바그너에게서 구원을 얻으려 하기도 합니다. … 편애하는 순진한 소녀는 관심을 갖는 죄인을 구원해 주기를(《탄호이저Tannhäuser》의 경우), 영원한 유대인도 결혼하면 정착하게 되어 구원받게 된다는 것을(《방랑하는 네덜란드인》의 경우), 늙고 찌든 여인의 방은 순결한 젊은이에 의해 구원받기를 좋아한다는 것을(쿤드리Kundry의 경우), 아름다운 소녀는 바그너주의자인 어떤 기사에 의하여 구원받기를 좋아한다는 것을(《마이스터징어》의 경우) … 자유정신과 비도덕주의자들에 의해 구원받는다는 것을(《니벨룽겐의 반지Ring des Nibelungen》의 경우-)"(KSA VI, 17).

이렇게 해서 바그너는 "너는 믿어야 하며 믿지 않으면 안 된다"라는 그리스도교적 개념을 대변한다. 바그너 오페라에 내재하는 이러한 구원사상과 그리스도교적 개념을 강력히 거부하는 니체는 음악가로서 바그너를 다음과 같이 비판하고 있다.

"도대체 바그너는 인간입니까? 그는 오히려 질병이 아닐까요? 그는 그가 손을 대는 모든 것을 병들게 합니다. 그는 음악을 병들게 했습니다"(KSA VI, 21).

따라서 니체는 필연적으로 자기 자신의 취향을 체감하는 사람, 이 취향을 보다 고귀한 취향으로서 요구하는 사람, 자신의 부패상을 법칙으로서, 진보로서, 완성으로서 관철시킬 줄 아는 사람을 전형적인 데카당이라고 규정한다. 니체는 자신의 시대가 데카당스의 시대이고 바그너야말로 이 데카당스의 대표적인 예술가라고 규정한다(게르만 신화, 249). 또한 니체는 독일인 및 유럽인들이 데카당에 빠져 있기 때문에 바그너를 착각하고 있다고 비판한다.

"독일에서 사람들이 바그너에 대해 착각하고 있다는 사실이 나에게는 놀랍지 않습니다. 그 반대라면 놀랄 것입니다. 독일인들은 그들이 숭배할 수 있는 바그너라는 존재를 고안해 냈습니다. … 그러나 파리에서도 바그너에 대해 착각하고 있다는 것! 그곳 사람들은 거의 심리학자 이외에 아무것도 아닙니다. 그리고 상트페테르부르크에서도! 이곳 사람들은 파리에서조차 알아맞히지 못한 것까지도 알아맞혀 내는데도 말입니다. 바그너가 유럽 전체의 데카당스와 얼마나 닮았기에! 바그너는 그들에 의해서도 데카당스로 느껴지지 않는 것이겠습니까! 바그너는 그들과 한통속입니다. 바그너는 그들의 주역이자 그들의 가장 위대한 이름입니다. … 사람들은 그를 구름 속으로 떠받들어 올리면서 자신에게 경의를 표합니다. ― 사람들이 그에게 저항하지 않는다는 사실 그 자체가 이미 데카당스의 한 징표이기 때문입니다. 본능이 약화되어 버렸습니다"(KSA VI, 22).

니체는 이 모든 것을 고려할 때 바그너의 예술이 병들었다고 비판한다. 다시 말해서 바그너가 무대 위에 올리는 문제들은 전부 히스테리 환자들의 문제로서 발작적인 격정, 그의 과민한 감각, 점점 더 자극적인 양념을 원하는 그의 취향, 그가 원리라는 옷을 입히는 자신의 불안정성, 생리적 전형으로 간주하는 남녀 주인공의 선정성에서 적지 않은 경우의 이 모든 것이 니체에게는 병든 모습으로 생각되고 있다. 니체에게 바그너는 신경쇠약 환자이다(KSA VI, 22). 의사들과 생리학자들은 바그너에게서 매우 흥미로운 경우를, 즉 최소한 매우 완전한 병적 징후를 보고 있다. 바로 이런 전체적인 질병보다, 즉 신경기관의 미숙과 과민보다 더 현대적인 것은 없기 때문에 바그너는 가장 뛰어난 현대예술가, 즉 현대성의 진열장이다. 바그너의 예술 속에는 오늘날 전 세계가 가장 필요로 하는 것들이 가장 매혹적인 방식으로 섞여 있다. 지쳐 있는 자를 자극하는 세 가지 커다란 자극제, 즉 가혹함, 기교, 순진무구(백치성) 등이 그것이다(KSA VI, 23).

"바그너가 음악에는 엄청난 불운입니다. 그는 음악에서 지친 신경을 자극하는 수단을 알아내었습니다. 그것으로 음악을 병들게 했습니다. 그의 천부적인 고안능력은 기술에 있어 하찮은 것이 아닙니다. 그 기술은 가장 지쳐 버린 자를 다시 자극하고, 절반쯤 죽은 자를 소생시킵니다. 그는 최면술의 대가이며, 가장 강한 자들도 황소처럼 어쩔 줄 모르게 만듭니다. 바그너의 성공은 야심 있는 음악가들의 세계 전체를 그의 비밀기술의 제자로 만들어 버렸습니다. … 사람들은 오늘날 병든 음악으로 돈만 벌고자 합니다. 우리의 거대한 극장은 바그너 덕택에 살아갑니다"(KSA VI, 23).

니체에 의하면 바그너가 좋은 음악을 만드는 것보다 나쁜 음악을 만드는 것이 더 쉽다고 생각한다. 바그너가 생각하는 바로는 대중의 취향에 맞추어 만든 음악은 음악학자의 음악관념에서 보면 나쁜 음악의 범주에 속한다. 그러나 대중 지향적 음악은 대중에게 영향력 있고, 더 설득력 있고 그들이 더 감격하며 더 신뢰할 만한 것이다. 역설적으로 이런 음악은 나쁜 음악이면서 커다란 이익을 가져다준다. 대중에게 효과적인 감동을 주는 것이야말로 바그너적이라면 음악은 그런 방향에서 만들어져야 한다. 이러한 근거에서 바그너는 무대에서 효과와 감동과 설득을 구현하기 위해 숭고한 것, 거대한 것, 위대한 것을 지향한다.

"왜 위대한 것, 숭고한 것, 거대한 것, 대중을 움직이는 것을 더 좋아하면 안 된단 말인가? — 다시 한번 더 말하지만 우리가 알다시피 아름답게 있는 것보다 거대하게 있는 것이 더 쉬운 것이다"(KSA VI, 24).

바그너는 극장 안에 앉아 있는 최상의 관객인 독일의 젊은이들, 즉 멍청한 지크프리트와 바그너주의자들에게는 숭고한 것, 깊음, 압도하는 것이 필요하다고 역설한다. 더 나아가서 바그너는 극장 안에 앉아 있는 다른 관객들, 즉 교양 있는 백치들, 소인배 같은 거만한 자들, 영원히 여자인 자들, 운 좋게 소화해 내는 자들, 간단히 말해 민중 역시 숭고한 것, 깊음, 그리고 압도하는 것을 필요로 한다고 강조한다.

3
|
독재자로서의 배우, 바그너

바그너는 음악가로서 능력이 부족한 가운데 예술형식을 창조했다. 예술형식에 있어 바그너는 진정한 시인의 능력을 가지고 있는 것으로 정당하게 평가될 수 있었다. 그러나 그와 동시에 그가 자기의 시인적 야망의 옷을 벗기 위해 음악을 이용함으로써 자기가 음악가라는 주장을 더욱더 높이 치켜올렸다. 그러므로 바그너는 음악가가 아니다. 이어지는 도표가 명료하게 설명하는 바와 같이 니체가 논증하는 연쇄는 끝이 없다(TDM, 23).

그러므로 니체가 볼 때 바그너가 음악가를 지향하는 야망은 그의 음악적 재능을 추월했다. 니체에 의하면 (오랫동안 지속하는) 음악을 기술하고자 하는 '위대'라는 야망에 따라 형식을 형성하는 요소가 시로써 들어오기 때문에 바그너는 종합예술의 구조를 따를 수 있었다.

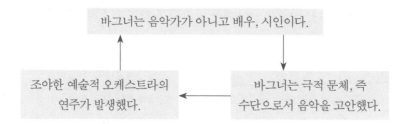

바그너는 음악가가 아니고 배우, 시인이다.

조야한 예술적 오케스트라의
연주가 발생했다.

바그너는 극적 문체, 즉
수단으로서 음악을 고안했다.

화살들은 다음과 같이 옮겨진다.

만일 니체가 바그너의 음악을 평가하는 것을 고찰한다면 니체에게 바그너의 구성원칙이란 근본적으로 거짓된 것으로 간주되고 있다는 사실을 인식할 것이다.

"소재를 '전개하는' 방식, 서로 분리되지 않은 채 성장하는 것들을 적어도 뒤죽박죽 섞어 놓으려는 그의 시도는 얼마나 가련하고 얼마나 당혹스러우며 얼마나 아마추어적인지!"(TDM, 28).

니체는 바그너가 음악을 통해 시적 표현을 밑받침으로 삼으려는 방법의 결격사유를 바그너의 불충분한 음악적 형성능력에 두고 있다는 점을 확인할 수 있다. 그러므로 바그너는 두 가지 점에서 배우이다. 하나는 시적 야망에서 비롯하고, 다른 하나는 그가 음악가인 체함으로써, 즉 위조 짓거리라는 비난을 자신이 초래하고 있다는 데서 비롯한다. 바그너의 음악이 감성적으로 결합하고 있는 시 외에도 바그너는 음악가로서의 무능력을 은폐하기 위해 더욱더 많은 수단을 이용했다. 청중을 옭아매는 바그너 음악의 원소적, 감정적, 암시적 효과가 그것이다.

> "원소적인 것들 — 음향, 흐름, 음색, 요약하자면 음악의 감성만
> 으로도 충분했습니다. 바그너는 음악가로서 음악 자체를 헤아리
> 지 않습니다. 어느 음악가적 양심으로도 헤아리지 않습니다. 그는
> 효과를 원하고, 효과 외에 그 무엇도 원하지 않습니다"(TDM, 31).

과장된, 즉 바그너 음악의 극장·몸짓은 청중들을 전횡하고 청중의 판단능력을 계산한다.

> "배우 바그너는 독재자입니다. 그의 격정은 모든 취향, 모든 저
> 항을 무너뜨립니다. —누가 이러한 몸짓이 설득력을 가지고 있
> 고, 누가 몸짓을 그렇게 명료하게 처음부터 보겠습니까! 숨을 멎
> 게 하는 바그너의 이러한 격정, 극도의 감정을 더 이상 늦추려고
> 하지 않는 의지, 매 순간 질식시키고자 하는 상태의 공포스러운 지
> 속!—"(TDM, 29ff).

니체는 과연 바그너가 음악가라고 말할 수 있겠냐고 묻는다. 니체에게 바그너는 음악가라기보다는 어떤 다른 존재였다. 말하자면 비할 바 없는 존재, 가장 위대한 연기자, 독일이 품고 있었던 가장 경탄스러운 극장의 천재, 전형적인 연출가였다. 바그너는 음악

의 역사에 속한다기보다 다른 영역에 속한다. 그를 진정 위대한 음악가와 혼동해서는 안 된다. 예컨대 베토벤을 바그너와 비교한다는 것은 신성모독이다. 음악가로서 바그너는 진정 배우에 불과했다. 그러므로 니체는 다음과 같이 말한다.

> "진정 바그너를 위대한 음악가와 혼동해서는 안 됩니다. 바그너와 베토벤 ―그것은 신성모독입니다― 그리고 궁극적으로는 바그너에게도 부당합니다. … 그는 음악가가 되었고 시인이 되었습니다. 그 안에 있는 독재자, 즉 자기 안에 있는 배우―천재가 그를 그렇게 강요했기 때문입니다. 그를 지배하는 본능을 알아차리지 않는 한 사람들은 바그너에 관해 그 어떤 것도 알아내지 못합니다"(TDM, 30).

바그너는 언어로서의 음악에서 빅토르 위고Victor Hugo이다. 바그너에게 음악이란 때에 따라서는 음악이 아니라 언어이며 도구이자 연극의 시녀이다.

니체는 단지 일정한 취향, 즉 극장 취향만을, 바그너의 음악을 수용할 수 있다는 것을, 그리고 이미 언급한 바와 같이 바그너의 '극적 양식'이 음악적 무능으로부터 비롯한다는 점을 확정하고 있다(TDM, 24).

> "바그너의 음악은 극장 취향에 의해, 즉 매우 관대한 취향에 의

해 보호받지 않는다면 단순히 저급한 음악일 뿐입니다. 아마도 지금까지 만들어진 음악 중에서 가장 저급한 음악일 뿐입니다. 어떤 음악가가 더 이상 셋까지 셀 수 없다면 그는 극적으로 바그너적으로 됩니다"(KSA VI, 30).

니체는 '숭고한 것, 깊음, 그리고 압도하는 것이 필요한'(KSA VI, 24) 바그너의 관객을 특징짓고 있다.

> "그 젊은이들을 한번 보십시오. ─경직되어 있고 창백하며 숨을 멈춘 듯한 모습을! 이들은 바그너 숭배자입니다. 이들은 음악에 관해서는 아무것도 이해하지 못합니다─ 그럼에도 바그너는 그들을 지배합니다"(KSA VI, 29).

그러므로 니체는 가극이, 특히 음악적인 교양이 없는 사람들에게 믿고 신뢰할 만한 것이라는 사실을 의문의 여지가 없는 것으로 생각하고 있다. 음악적 교양이 없는 사람들은 바그너의 위대한 양식이라는 허위로 만족을 얻고 있었다.

> "만사를 잘 믿는 위胃를 가진 바그너 숭배자들은 자기들의 거장이 요술을 부려 만들어 준 식사로 배불러합니다. 책 속에서나 음악에서나 무엇보다도 실질을 요구하며 단순히 '그럴듯하게' 차린 잔칫상으로는 절대로 대접할 수 없는 우리 같은 다른 부류의 사람들

은 그 잔칫상에 대해서 아주 기분이 나쁩니다"(KSA VI, 31).

결국 바그너 드라마들의 내용과 줄거리 역시 극장이나 천성적인 배우의 본능에 의해 규정된다. 이것은 맨 먼저 관객에 대한 효과를 노린다.

"바그너는 줄거리의 초안을 잡는 데서도 단연 배우다웠습니다. 그에게 가장 먼저 떠오른 것은 절대적으로 확실한 효과를 내는 장면, 몸짓이 두드러지게 드러나는 실제 행동, 즉 감동을 주는 장면입니다. 그는 이것을 깊이 생각하고 이것으로부터 비로소 작품의 특성을 끄집어냅니다"(KSA VI, 32).

엄격한 논리로 줄거리를 파악하고 그 줄거리의 연결과 분리에 필연성을 부여하는 대신, 바그너의 노력과 시간 보내기가 무대 위의 진행을 결정한다.

바그너가 줄거리의 연결마디와 분리를 위해 최소한의 힘만 쓴다는 점은 확실하다. 바그너의 연결마디 중 하나를 현미경으로 들여다보면 웃지 않을 수 없다. 니체는 《트리스탄과 이졸데》 줄거리의 연결마디보다 더 흥겨운 것은 없다는 점을 확인하고 있다. 그렇다면 《마이스터징어》 줄거리의 연결마디도 그러했어야 한다. 그러므로 바그너는 극작가는 못 된다. 그는 '드라마'라는 용어를 사랑했었으며, 이것이 전부였다. 그는 언제나 아름다운 단어를 사랑했었다.

그럼에도 그의 글 속에 있는 드라마라는 단어는 오인되어 있을 뿐이다(TDM, 33).

그는 드라마로 향할 정도의 심리학자는 아니었다. 그는 본능적으로 심리적인 동기 설정을 회피했다. 덧붙이자면 바그너가 극적인 고안에 의해 실제로 풀어낼 수 있었던 줄거리의 연결마디는 완전히 다른 것이다.

"예를 하나 들어 보겠습니다. 바그너에게 여자의 목소리가 필요했던 경우가 있습니다. 여자의 목소리가 나오지 않는 막幕 전체 — 이런 것은 있을 수 없지요! 그러나 여주인공들은 그 순간 등장할 수 없습니다. 바그너는 어떻게 할까요? 그는 세계에서 가장 늙은 여자인 에르다Erda를 해방시킵니다.

'나오시오. 늙은 할멈! 노래를 불러야 해요! 에르다가 노래를 부릅니다.' 바그너의 의도는 달성됩니다"(TDM, 33).

4
|
문학적 드라마의 내용

바그너의 텍스트 내용! 그 신화적 내용! 그 영원한 내용은 니체에 의해 문제 제기되고 있다. 니체에게 바그너의 등장인물은 '아주 전적으로 현대적일 뿐인, 아주 전적으로 대도시적인 문제'를 드러낸다 (TDM, 34). 그 등장인물들의, 즉 주인공들의 숭고한 껍질을 벗겨 버리면 한 명의 예외도 없이 보바리 부인Madame Bovary과 혼동할 정도로 닮아 보인다(TDM, 34). 그러므로 니체에 따르면 가극을 통해 정신적 일상의 너무나 인간적인 실재를 예술작품으로 과대평가는 것은 바그너의 오류이다. 그 밖에 니체의 통찰은 단연 날카로운 것으로 입증된다. 초기 자본주의 사회구조의 반영으로서 바그너의《니벨룽겐의 반지》는 20세기의 70년대 후반기에 크고 작은 무대에서 공연된 바그너의 성경 해석상의 주도동기主導動機였다. 이러한 경향은 1976년 바이로이트의 축제에서 프랑스의 오페라 감독인 파트리스 셰로Patrice Chereau가《니벨룽겐의 반지》를 각색하면서 야기되었다.

　　"정신적인 창시자로서 바그너를 현실로, 현대적으로 옮겨 봅시
　다 — 우리 좀 더 잔인해집시다! 서민적으로 옮겨 봅시다"(TDM, 34).

　바그너가 음악을 자신의 이데올로기를 수송하고 확장하기 위한 수단으로 오용誤用하고 있다는 점이 니체에게 중대한 비판점이 되고 있다. 특히 바그너의《파르지팔》을 겨냥한 니체의 비난은 바그너가 자기의 이데올로기적인 관심사를 구체적인 언명言明의 정식들 안에서가 아니라, 즉 구체적인 진술을 표현한 평이한 텍스트 안에서가 아니라, 감성을 설득하면서 간명하게 표현하고 있다는 사실에 근거한다. 바그너는 음악을 자기의 세계관을 암시적이고 감정적으로 유

포하기 위한 수단으로써 이용했다(TDM, 27).

> "키르케로서의 음악 … 이런 면에서 바그너의 마지막 작품은 그
> 의 최고의 걸작이다"(KSA VI, 43).

따라서 배우 바그너는 그의 관객을 이데올로기를 통해 폭군처럼
다루었다. 니체는 이데올로기를 다음과 같이 요약하고 기술하면서
우선 학문적 주석은 달지 않고 있다.

> "그는 온갖 허무적인 (불교적인) 본능에 아첨하며 이 본능을 음악
> 으로 꾸며 냅니다. 그는 그리스도교 정신 전부에, 데카당스의 종교
> 적인 모든 표현형식에 아첨합니다"(KSA VI, 43).

5
제물로서의 배우

『바그너의 경우』에 수록된 두 개의 추신에서 니체는 가극의 현상
을 리하르트 바그너라는 인물과 관계없이 이해하고자 시도하고 있
다. 니체는 바그너가 오직 데카당스 예술이라는 문화 파국에 대해
서만 책임을 질 수 없다는 데서 출발하고 있다. 첫 번째 추신에서 니

체는 바그너의 조직화된 추종자들에게 그 책임을 배속하고 있다. "바그너의 추종자들은 비싼 대가를 치르고 있습니다"(KSA VI, 40ff).

이 말은 각 장의 모든 곳에서 시작하고 있다. 니체는 바그너 운동 때문에 야기된 문화적 경작지의 피해를 스케치하고자 시도한다. 이러한 스케치에 따르면 첫째, 바그너의 활기찬 추종자들이 문외한의 오만불손을, 예술이야말로 백치인 자들의 오만불손을 키워 냈다는 것이다. 그들은 음악과 음악가를 심판하는 심판관이 되고자 한다(KSA VI, 42). 둘째, 그들은 예술에 봉사하는 모든 엄격하고도 고상하며 양심적인 교육에 대해 점점 증폭하는 냉담을 조장하고 있다. 그 대신에 천재에 대한 믿음을 강조하고 있다. 명료하게 말하자면 뻔뻔스러운 딜레탕티슴Dilettantisme이라는 것이 차지해 버린다. 셋째, 바그너의 추종자들은 연극의 예술적 가치를 과대평가하고 있다. 즉 연극이 우위를 점한다고 믿는, 연극이 예술을 지배한다고 믿는 난센스를 키웠다.

"그런데 사람들은 연극이 무엇인지 바그너주의자들의 얼굴에 대고 골백번 말해야 할 것입니다. 연극은 언제나 예술의 하부에 있을 뿐이고 언제나 두 번째 것이며, 거칠게 핀 것이고 대중을 위해 잘 처리되고 잘 위장된 것이라고 말입니다!"(KSA VI, 42).

그러므로 확고한 바그너의 관객은 그의 거장Meister과 동일한 속성을 지니고 있다. 다시 말해 바그너의 관객은 음악기술적인 인식 부족과 극적 열정에 대한 과대평가로 그 부족을 은폐하고 있다. 그러나 니체가 생각하는 바에 따르면 가극 자체가 성공할 수 있었던 것은 관객의 필요에 달려 있다.

1876년 바이로이트의 축제극을 관람한 관객의 관심에 직면하여 니체는 『이 사람을 보라』에서 바그너를 그의 추종자들의 제물로 간주한다.

> "도대체 무슨 일이 일어났는가? ―사람들이 바그너를 독일어로 옮겼다! 바그너 숭배자들이 바그너 위에 군림하게 된 것이다!― 독일 예술! 독일 거장! 독일 맥주! 어떤 세련된 예술가에게만, 어떤 취향의 세계주의에만 바그너의 예술이 말을 건네는지를 너무나 잘 알고 있는 우리는 독일적 '미덕들'로 장식한 바그너를 다시 알아보고 아연할 수밖에 없었다"(KSA VI, 323).

추가로 『이 사람을 보라』에서 바그너는 민족–문화적 데카당스 운동의 대장으로서 지나치게 명료하게 나타난다. 그리고 바그너에 대한 니체의 비판은 무엇보다 인물 바그너에 대해서가 아니라, 데카당 징후로서의 바그너에게 적용된다. 비록 반어적으로 강조하고 있다고 하더라도 니체에게조차 동정을 사고 있다.

> "불쌍한 바그너! 그가 어디로 빠져 버렸단 말인가! ― 차라리 돼지들 쪽으로 갈 것이지! 하필 독일인들 사이로 가다니!"(KSA VI, 324).

"바그너라는 이름은 음악을 붕괴시킨 이름이다." 그러나 니체는 그가 '음악을 붕괴시킨 원인 제공자'는 아니라고 주장한다. 니체가 볼 때 '데카당스의 단순함'을 지니고 있었던 바그너는 책임이 없다는 것이다.

악명 높은 브람스 비판을 포함하고 있는 『바그너의 경우』의 두 번째 추신에서 니체는 그 시대의 전체적인 음악예술과 담판 짓는다. 그 시대의 일반적인 붕괴 중 가장 가시적인 신호가 바그너이다.

> "내가 바이로이트의 백치병에 대해 신랄한 말을 했을 때 가장 원하지 않았던 바는 다른 음악가들에게 축제를 열어 주는 것이었습니다. 다른 음악가들은 바그너에게 비교대상이 되지 않습니다. 상황은 전반적으로 열악하고 퇴락이 일반적입니다"(KSA VI, 46).

니체가 『바그너의 경우』에서 기술하는 바와 같이 공식적으로 순수음악의 형상을 지향하는 바그너의 무능은 19세기 말 음악 창작 전체에 부정적 원칙이 되고 있다. 이러한 의미에서 다음과 같은 인용구는 바그너의 작곡에 관한 구성적 능력과 니체의 근본사상 간의 의미심장한 관련이 있도록 하는 데 크게 기여한다.

> "바그너와 다른 음악가들 사이의 공통점은 — 내가 생각하기로는 조직력의 쇠퇴, 전승된 수단을 목적을 위해 정당화하는 능력은 없으면서도 잘못 사용하는 것, 오늘날의 누구도 그것에 대해 아

주 강하지도, 긍지가 있지도, 자신 있지도, 건강하지도 못한, 위대한 형식을 화폐 위조하듯 모방하는 것, 가장 하찮은 것들의 과도한 활기, 어떤 대가를 치르더라도 격정이라고 하는 것, 황폐해진 삶의 표현으로서의 세련됨, 신경이 점점 더 살을 대신하는 것 등입니다"(KSA VI, 47).

따라서 니체에 의하면 바그너의 음악은 병이 깊어 있다. 바그너라는 이름이 음악을 붕괴시킨 이름이라고 하더라도 그가 음악붕괴의 원인을 제공한 자는 아니라는 것이 니체의 생각이다. 바그너는 단지 음악붕괴의 속도를 가속했을 뿐이다. 그는 데카당스의 단순함을 지니고 있었다. 그는 데카당스를 믿었고, 데카당스의 어떤 논리 앞에서도 머무르지 않았다. 다른 사람들은 우물쭈물했었다. 그들을 구분하는 것은 바로 이 점일 뿐, 그 외의 다른 구분점은 없다. 따라서 추신과 관련하여 다음과 같은 것을 확정할 수 있다. 즉 우선은 인간 바그너와의 담판으로서 『바그너의 경우』의 표준적 평가는 적절하지 않다. 니체는 다음과 같이 회상한다.

"몇몇 예술가들과의 사교를, 특히 바그너와의 사교를 제외하고는 나는 독일인과 한순간도 즐겁게 지낸 적이 없다"(KSA VI, 362).

이러한 방식으로 니체의 평가 배경과 가극에 대한 그의 상세한 분석을 체험하기 위해 작품과 유고에서 바그너에 대한 니체의 비판의 기원을 묘사하기 전에 『바그너의 경우』에 기술된 모든 이론異論을 다시 한번 상기할 필요가 있다. 또한 『바그너의 경우』에는 바그너가 자기 자신의 예술양식을 창작했다는 중심적인 주제가 쓰여 있다. 바그너의 예술양식은 나쁜 극작가가 될 수 있는 능력, 즉 배우가 될 수 있는 능력에 상응한 동시에 그의 음악적 야심을 포함했다. 그러한 능력에서 생성된 가극, 특히 빼어난 극장예술은 무엇보다도 먼저 관객을 과도한 격정과 열정에 의하여 압도했다. 즉 관객을 격정과 열정으로써 전횡하고자 했다. 이것은 우선 그 형식들을 떨쳐 버리고 청중에게 암시적, 감정적으로 효과를 거둔 음악을 통해 성공하고 있다.

음악을 이해할 때 오직 시와 무대만이 필연적인 내용을 제공한다. 그 외에도 계속하여 음악은 바그너가 교활하게 자기의 세계관을 유포하는 데 기여했다. 바그너 음악의 드라마와 구상성의 조직화는 그것의 형식적인 혼란을 은폐하기 위해서 필연적이다. 왜냐하면 위대한 작품을 창작할 수 있는 바그너의 음악적 능력이 충분하지 못하기 때문이다. 바그너의 관객은 거기에 걸맞게, 특히 예술에 있어 백치들로 구성되어 있다. 그러나 결국 바그너의 가극은 단지 19세기 말 예술의 일반적인 퇴락의 징후였다.

제5장

바그너에게 가한
비판의 근원

Frenemy

1

니체 대 바그너

    니체는 『바그너의 경우』를 출간한 이후 자신의 행보에 대해 오해 받지 않을지, 바그너로부터의 전향은 비로소 최근에 성공하지 않았을지, 이 저서가 바그너에 대한 혐오로부터 생긴 자발적인 폭발로 오해되지 않을지 우려했다. 더욱이 에리히 포다흐Erich Podach는 다음과 같이 쓰고 있다.

    "1888년 9월 중순에 토리노와 질스마리아Sils-maria에 머무르는 동 안 『바그너의 경우』가 출판되었다. 니체는 그 책이 수용되기 시작 하면서 매우 실망했다. 특히 1877년 이래 이미 바그너의 공공연한 대척자로 알려졌던 그가 이 저서로써 바그너에 대한 그의 적개심을 비로소 확인하고 있다는 사실에 사람들은 화를 냈다"(NWGZ, 17).

그러므로 니체는 『니체 대 바그너』라는 제목의 저서를 편집해 바그너 현상에 대해 때 이르게 견해를 표명해야겠다는 계획을 세웠다. 이러한 두 번째 비판적 바그너 저서는 니체에 의해 더 이상 공포되지 않았다.

사실 니체의 바그너 회상은 1888년에 시도했던 그의 회의적 성찰의 결과가 아니고, 이미 오래전부터 분명히 제시되었다는 점을 표명한다.

『니체 대 바그너』에서 인용한 다음과 같은 문구는 1882년에 이미 『즐거운 학문』에 기술되었던 것으로서 『바그너의 경우』의 중심적인 주제 부분에 상응한다.

"덧붙여 말하자면 드라마는 목적이고 음악은 언제나 수단일 뿐이다. ─ 이것이 바그너의 이론이었다면, 이와 반대로 실제로는 그에게 자세가 목적이고 드라마와 음악은 항상 그 수단일 뿐이다. 음악은 극적인 몸짓과 배우의 기질을 명료하게 하고, 강화시키며 내면화시키는 수단이다. 바그너의 드라마는 수많은 흥미로운 자세의 시험장이다"(KSA VI, 419).

바그너 음악에 대한 니체의 반박은 생리적인 반박이다. 그의 이러한 반박은 미적 형식으로 위장하고 있다. 그렇게 위장하는 이유는 미학이란 응용생리학die angewandte Physiologie이라고 생각하기 때문이다(KSA VI, 418).

"나의 사실, 나의 자그마한 진실Petit fait vrai은 이러한 음악이 나에게 비로소 영향을 미치게 되면 나는 더 이상 가볍게 숨을 쉬지 못하고 곧장 그 음악에 분개하며 반항할 수밖에 없다. 나의 발은 박자와 춤과 행진이 필요하다. ― 바그너의 황제행진곡에 맞추어서는 독일의 젊은 황제라도 행진할 수 없다. 나의 발은 음악으로부터 무엇보다도 멋진 몸짓, 발걸음, 춤에서 느끼는 황홀감을 요구한다. 그러나 나의 위장도, 나의 심장도 나의 혈액순환도 항의하고 있는 것이 아닌가? 나의 내장이 탄식하고 있지 않은가?"(KSA VI, 418).

니체는 바그너의 음악이 자기를 병들게 하고 있다고 비판하고 있다. 바그너에게 중요한 것은 극장이고 대중이다. 그의 음악에 의하여 '도덕적 엑스터시sittliche Extasen'라는 경련을 일으키는 대중일 뿐이다. 니체는 『니체 대 바그너』에서 자신이 천성적으로 반극장적 유형에 속하며 극장을, 즉 대중예술 중의 대중예술을 싫어한다고 고백한다.

"나의 영혼의 심층에는 오늘날의 모든 예술가가 지닌 깊은 조소가 있다. 무대 위에서 성공 ― 그럼으로써 사람들은 나의 경의를 잃어버리고 그것을 다시 보지 않는다. 실패 ― 그럼으로써 나는 귀를 곤두세우고 주의를 기울이기 시작한다"(KSA VI, 419).

그런데 바그너는 정반대였다. 더할 수 없이 고독한 음악을 만들어

왔던 바그너의 곁에는 본질적으로 지금까지 있던 것 중 가장 감격스러운 모방자인 연극인들과 배우들이 음악가로서 존재하고 있다.

『니체 대 바그너』에 있어서의 가극에 대한 비판을 조준한 가장 오랜 장은 『인간적인 너무나 인간적인』 2권에서 비롯한다. 잠언Aphorismus 134항인 '어떻게 새로운 음악에 따라 영혼이 움직이는가'에서 니체는 바그너 음악에 대한 그의 분석 중 가장 구체적으로 테스트한다(MA II, 434).

니체에 의하면 '무한선율'의 리듬적 역설들이 중요하다. 무한선율에서 추구하고 있는 예술적 의도는 우리가 바다에 들어갈 때 점점 깊은 곳에서 안정된 발걸음을 잃게 되면서 마침내 출렁이는 물결에 무조건 항복하게 되는 것과 같다. 그러면 우리는 헤엄을 치지 않으면 안 된다(MA II, 435).

지금까지 과거의 음악에서는 우아하거나 장엄하게 또는 정열적으로 앞뒤로 나아가면서 좀 더 빠르거나 좀 더 느리게 춤을 추어야만 했다. 여기에 필요한 절도, 즉 일정하게 균형 잡힌 박자와 힘의 유지는 청중의 영혼에 끊임없이 사려를 강요했다. 이 사려에서 나온 차가운 기류와 음악적 감동의 따뜻한 입김 사이의 상충작용에 바로 그 음악의 매력이 자리하고 있다. 바그너는 이와는 다른 영혼의 운동을 의도했다. 그것은 이미 언급한 바와 같이 헤엄을 치거나 떠다니는 것과 유사한 것이다. 이것이 아마 그의 모든 개혁 가운데서 가장 본질적일 것이다. 이러한 의도에서 나와 적응한 그의 유명한 예술수단인 무한선율은 모든 수학적 박자와 힘의 절제를 깨뜨리려하고 때로는 조롱하려고 한다. 그리고 그는 과거 사람들의 귀에는 리듬적 역설과 모독으로 들리게 될 효과들을 발명하는 데 뛰어났다 (TDM, 31).

니체가 '헤엄치는 것'이라고 일컫는 이러한 떠다니는 불확정적 묘사의 '가장 중요한 수단'은 바그너의 전체적인 강조가 적용되는 '절분법Synkope'이다. 니체는 박자 도식적 구속의 수적 시간성으로부터의 자유와 명확한 리듬의 기피에 도전하고 있다. 만일 이와 같은 음악이 언제나 자연주의적인 연극예술과 몸짓언어에, 즉 어떤 고도의 표현적 구상에 의하여 교육되고 지배되는 연극예술과 몸짓언어에 긴밀히 의존된다면 '리듬과 퇴락'에 위험이 숨어 기다린다고 니체는 말한다. 그런 음악이 자연적이고 그 어떤 표현법칙의 지배도 받지 않으며 한갓 영향을 미치기만을 원할 뿐 그 이상은 아닌 어설픈 연극인들과 동작술에 전적으로 의존할 때 위험은 극도로 커진다. 리듬적 균형의 정지 때문에 녹은 음악은 바그너의 연극예술의 지지에 아주 적절한 것이다(TDM, 32).

니체는 1880년에 바그너 음악을 '커다란 위험'이라고 간주하고 있는가 하면 8년 뒤에는 다음과 같이 확정한다.

> "어떤 희생을 치르는 표현을 풍부하게 하는 것과 꾸며진 포즈에 봉사하고 포즈의 노예인 음악 — 이것은 종말이다"(KSA VI, 422).

설명적인 논증은 비워 두고 언어적 파토스에 의해 보충되었다.

2

트리스탄과 쇼펜하우어

니체는 유고에서 바그너에 관한 연구저서들(총 3권)의 사전작업 및 개요는 물론이고 포괄적이긴 하나 그 저서들을 예술적으로 창작하는 일에 전념한다. 특히 1870년과 1878년 사이에 형성된 문구들에 관심이 쏠린다. 그와 동시에 언제 어디서 어떤 범위 내에서 이 문구들이 출간된 작품 속으로 흘러 들어갔는지가 나타나고 있다. 그렇게 하여 바그너와 자기의 개인적인 관계가 부주제로서 잠깐 언급하고 지나가는 한 가극에 대한 니체의 평가방식의 배경을 밝히는 것이 시작되어야 할 것 같다.

청년 니체의 음악 이해는 한편으로는 니체에게 비호되지 않는 트리스탄과 쇼펜하우어의 사이에서, 다른 한편으로는 바그너의 가극 이론 사이에서 작용하고 있다. 바그너 음악에서 경험한 니체의 감동은 그가 《트리스탄과 이졸데》의 서곡과 《마이스터징어》의 서곡을 들은 이후 1868년에 일기 시작했다(TDM, 33).

자주적인 카리스마를 체현한 예술가의 전형으로서 바그너는 젊은 니체에게 감동을 줬다. 바그너의 음악가로서의 존재 전형은 니체의 학문적인 전형과는 근본적으로 구별되고 있었다. 니체는 이 엄청난 세계에 관여하고 싶었다. 그리고 니체는 기회를 잡았다.

바그너와의 첫 만남에서 바그너가 쇼펜하우어 철학의 추종자였다는 사실이 밝혀졌을 때 바그너에 대한 니체의 감격은 한계를 알지 못했고 그 후에 바그너의 저서들을 읽었다.

니체의 감격은 깨어지지 않았다. 『비극의 탄생』에서 디오니소스 음악의 실례로서 2, 3막은 특히 그 가치를 높이 인정받고 있다. 니체는 자기의 저서에서 단지 《트리스탄과 이졸데》만을 말하고 있고, 그가 잘 알고 있는 다른 바그너 작품들에 대해 언급하지 않고 있다.

> "진정한 음악가들은 《트리스탄과 이졸데》의 3막을 말과 형상의 도움 없이 순수하게 거대한 심포니의 악장으로 느낄 수 있는 사람을 상상할 수 있는지? 또한 그들은 영혼의 모든 날개가 경련하며 펼쳐져서 숨을 멈추지 않을 사람을 상상할 수 있는지? 세계의지의 심장에 자기의 귀를 대고 현존에 대한 강렬한 욕망이 때로는 격렬한 흐름이 때로는 잔잔하게 흐르는 시냇물이 되어 세계의 모든 핏줄 속으로 흘러 들어가는 것을 느끼는 사람은 느닷없이 산산이 부서져야 하지 않는지? 그가 인간 개체의 비참한 유리껍질 안에서 '세계의 밤의 넓은 공간'에서 들려오는 무수한 쾌락과 고통의 외침을 참고 들어야 하는지? 형이상학의 이 목동의 윤무에도 자신의 원초적 고향으로 도망가지 않은 채 말이다!"(KSA I, 135).

결국 '영혼의 날개'를 보존하기 위해 "여기에 아폴론적 힘이 거의 파괴된 개체의 재생을 위해 환희의 착각이라는 향유를 들고 나타난다. 갑자기 우리 눈앞에는 미동도 없이 우울하게 나타난 '늙은 현자'

는 나에게 무엇을 일깨우는가? 하고 자문하는 트리스탄만이 서 있는 것 같은 생각이 든다"(KSA I, 136).

그러므로 음악은 단지 무대 위의 연극을 통해서만 환희의 착각에 버텨 참아 낸다. 여기서 쇼펜하우어의 영향이 명백히 인식된다.

음악을 통해 청중은 세계의지의 심장에 자기의 귀를 댄다. 개체는 산산이 부서지고 음악은 무대 위의 연극에서 우위를 점유한다. 엄청난 심포니 악장으로서《트리스탄과 이졸데》의 3막이 인지됨으로써만 연극 장면적, 아폴론적인 것에 의해서만 버텨 낸 개체의 해체의 결과가 달성된다.《트리스탄과 이졸데》에 대한 니체의 감격은 후기 저작에서 명시되고 있다(TDM, 34).

"그러나 오늘 나는《트리스탄과 이졸데》의 위험한 매혹과 전율이 느껴질 만큼 달콤한 무한성에 필적할 만한 작품을 찾고 있으며 ─ 모든 예술을 다 뒤져 보았지만 헛수고였다"(KSA VI, 289).

니체는 1871년의 유고에서 트리스탄을 귀로, 쇼펜하우어를 머리로 논술하고, '음악과 언어에 관하여'라는 조각글에서는 바그너의 이론적인 가극의 개념을 분석한다.

니체는 음악은 드라마의 표현수단으로서 이바지하고, 음악가는 시인의 도우미로서 이바지한다는, 『오페라와 드라마』에서 바그너가 제시한 사상의 원칙에 현저할 정도로 대경실색하고 있다.

"확실히 음악은 이렇게 결코 대본에 이바지하는 수단이 될 수 없고 오히려 어떤 경우에도 대본을 능가한다. 그렇지만 또한 음악은 ―만일 작곡가가 자신의 내면에서 솟아오르는 디오니소스적 힘을 자신의 (연극용) 인형의 언어와 몸짓으로 향하는 불안한 시선을 통해 분쇄한다면― 확실히 나쁜 음악이 된다. 그에게 오페라 시인이 도대체 이집트적 규칙성을 지닌, 일반적으로 도식화된 인물 외의 것을 제공하지 않는다면 오페라의 가치는 음악이 더 자유롭고 무조건적이고 디오니소스적으로 전개될수록, 즉 소위 모든 극적 요소를 더 경시할수록 고귀해진다"(KSA VII, 187).

니체에게 미친 쇼펜하우어의 영향은 ―통틀어 말하자면 오페라 대본이 음악을 그 표현의 단순한 수단으로 삼기 위해 이러한 하위에 두 지위를 버려서는 안 된다는 것을 쇼펜하우어가 『의지와 표상으로서의 세계』 1권에서 쓰고 있다면― 명백하다(WWV I, 329).

따라서 니체의 이상은 최대의 심포니다. 이것의 주 악기들은 하나의 행위를 통해 감성화될 수 있는 노래를 부른다. 즉 트리스탄과 쇼펜하우어에게 영향받은 표준을 통해 노래를 부른다. 이 척도에 근거하여 바그너의 가극이 측정되지 않으면 안 된다. 대본보다 음악이 우위를 점한다는 이러한 이상(음악의 우위), 즉 무대 사건(무대 연출)을 통해 해석되는, 그러나 결정되지 않는 음악의 이상은 만년의 니체에게는 타당하고 『바그너의 경우』의 실질적인 (내용상의) 핵심을 형성한다(TDM, 35). 그런데 젊은 니체에게 『오페라와 드라마』에서 표현된 바그너 가극의 착상인 '행복'은, 적어도 《트리스탄과 이졸데》에서의 '행복'이란 것은 아직 실현되지 않았다는 것이 확정된다. 그 점에 있어서 1871년의 '음악과 언어에 관하여'라는 니체의 조각글은 『비극의 탄생』과 모순되는 것이 아니다. 이 책은 니체가 10년 뒤에 기록하고 있는 바와 같이 바그너의 명제를 반대하지만, 그 목적인 음악을 반대하지는 않는다.

> "'음악은 목적을 위한 수단이다'라는 바그너의 문장에 반대하고 동시에 바그너에 대한 나의 취향을 변호한다"(KSA IX, 165).

3

바이로이트의 리하르트 바그너

『바이로이트의 리하르트 바그너』를 준비하고 있는 동안 니체의 가극에 대한 회의적인 평가는 이미 완성단계까지 진행되고 있었고, 1874년에 이미 『바그너의 경우』의 모든 본질적인 계기들을 포함하고 있다. 바그너의 가극에 대한 이제까지의 의심은 한층 더한 보충을 경험한다. 새로이 추가하자면 배우로서 바그너의 특징이란 '극장'이라는 예술현상, 바그너의 추종자에 대한 회의, 쇼펜하우어의 음악 이해에 있어서 회의, 연극적 음악의 불가능성에 대한 상세한 설명이다.

니체는 그의 유고에서 바그너의 고유한 특성에 관하여 다음과 같이 기술한다. 즉 "난폭함과 무절제. 그는 자신의 감각의 마지막 싹으로까지 간다"(KSA Ⅶ, 758).

바그너의 명랑함은 거대한 위험과 무절제에서 제한과 고향 같은 친숙함으로 되돌아가는 것을 확신하는 감정이다. 그와 교제했던 모든 인간은 그의 삶의 과정에서 제한된 단면들이다. 그러므로 그는 이때 명랑하고 그들보다 우월할 수 있다. 왜냐하면 이때 그는 모든 문제를 숙고할 수 있기 때문이다.

바그너의 또 하나의 다른 특성은 다음과 같다.

> "전위된 위대한 예술 재능이다. 이것은 첫 번째 가까운 도정에
> 서가 아니라, 다른 도정에서 터져 나온다"(KSA Ⅶ, 759).

말하자면 바그너의 배우로서의 야망이 현실화되는 도정은 가극이었다. 왜냐하면 니체에 따르면 바그너는 사실상 직접적으로나 간접적으로나 그리고 창조의 다음 도정으로 전환하고자 하지 않았고 할 수도 없었기 때문이다.

> "이때 그에게는 형태, 목소리, 필요한 만족이 결핍되어 있었
> 다"(KSA Ⅶ, 759).

그러므로 바그너는 자기 자신만의 특수한 영역을 창출했다. 그와 동시에 니체는 여기서 처음으로 바그너의 가극을 극장예술로 간주했다. 극장예술형식, 즉 무대 또는 배우의 예술형식은 바그너의 중심점에 있었다.

> "여기 무언가 이상한 것이 있다. 바그너는 연극을 진지하게 받아들이도록 독일인들을 설득할 수 없다. 그들은 차갑고 느긋하다. ― 그는 마치 독일인들의 구원이 여기에 달린 것처럼 열을 낸다"(KSA VII, 763).

따라서 니체는 바이로이트 구상이 실패하게 된 것이 재정문제에서 비롯했다고 해석한다. 그는 이 재정문제가 팔리지 않은 후원증서 때문에, 즉 바그너의 새롭고 진지하며 연극적인 가극에 대한 관심 부족 때문에 일어난 것으로 본다.

물론 니체는 바그너가 연극에 미친 것을 섬뜩하게 생각한다.

> "바그너는 아직 유일하게 남아 있는 기초인 극장에서 예술의 새로움을 추구한다. 그러나 이때 실제로는 대중만이 선동되고 있을 뿐 박물관과 음악회에서처럼 아무 모범도 보이지 않는다. 물론 매우 거친 대중이며 연극에 의한 지배를 다시 잘 활용하는 것은 현재까지 불가능한 것으로 판명되었다"(KSA VII, 775).

니체가 가극의 관객을 토대로 『비극의 탄생』에서 표명한 문화적 개혁의 이념을 배척하지는 않지만, 어떻게 문제를 제기하고 있는지 여기서 현저하게 나타난다. 더욱이 바그너의 가극은 니체가 박물관 방문객과 동일시하고 있는 엘리트 콘서트 관객에는 의존하지 않았지만, 극장의 벗이라고 할 수 있는 거친 대중에게는 의존했다. 여기서 니체는 일반적으로 말해 대중예술이란 것이, 즉 대중이 즐길 수 있는 예술이 존재할 수 있는지 문제를 제기한다(TDM, 40).

> "문제: 예술은 영원히 종파적이고 고립된 채로 존재해야만 하는가? 예술이 지배하게 하는 것이 가능할까?"(TDM, 40).

물론 바그너가 의심스러운 수단으로써 시도한다고 하더라도 그것을 감행한다.

> "여기에 바그너의 의미가 있다. 그는 연극 대중의 도움으로 전제정치를 시도한다"(KSA VII, 775).

따라서 니체가 볼 때 바그너는 일반 관객에게 철저히 자기의 예술로써 호소한다. 그러나 그는 자기의 전제정치를 실행할 수 있기 위해 단지 목적을 위한 수단으로서만 호소하고자 시도한다. 하지만 바그너의 추종자들은 이미 가차 없이 비판받았다. 다음과 같은 문구가 『바그너의 경우』에 아주 똑같이 쓰여 있다.

"전복顚覆 속에서 무엇인가 자신에게 이로운 것을 획득하기를 희망한 온갖 종류의 불평불만을 가진 자들, 이른바 '진보'에 열광하는 모든 사람, 지금까지의 음악에 지루해했고 이제 자신의 신경이 세차게 운동하고 있음을 느끼는 그러한 자들, 모든 무모하고 비상한 것에 감정이 휩쓸리는 사람들 — 그는 쉽게 연주의 대가들을 얻었고 쉽게 일부 작곡가들을 얻었다"(KSA VII, 764).

자기 자신의 근본적인 철학적 입장에 대한 니체의 회의는 가장 결정적이다. 니체가 『비극의 탄생』에서 쇼펜하우어의 세계관과 바그너 음악의 일치를 열광적으로 축하하면서도, 다른 한편으로 그는 일반적으로 알려진 이러한 양자 간의 관계를 한층 더 체념적으로 묘사하고 있다.

"쇼펜하우어의 '삶에의 의지'는 이때 그의 예술적 표현을 획득한다. 목적이 없는 이러한 맹목적 의지, 도취, 회의, 고통과 열망의 음조, 사랑과 정열로의 이러한 강렬함, 드물게 청명한 햇살, 그러나 아주 마술적인 조명의 마법들"(KSA VII, 768).

더욱이 "바그너의 예술은 스쳐 지나가고 초월적이다"(KSA VII, 767).

"그의 예술은 이 세계를 부정하여 변용시키지 않는다"(KSA VII, 767).

여기서 니체는 더 이상 가극의 염세주의적이고 체념적인 경향과 형이상학적인 요구에 동의하지 않고 있는 것처럼 보인다. 예술의 본래 과제는 사물의 근저에서 생명이란 현상들의 온갖 변화 속에서도 파괴할 수 없을 정도로 강력하고 즐거움에 가득 차 있다는 형이상학적인 위안이 아니고, 오히려 이 세계의 변용이다. 예술을 통해서 사실상 불가피하게 나타나는 방식으로 세계를 해석하는 쇼펜하우어의 염세주의는 니체에 의해 극복된다. 말하자면 세계의 변용은 의식적으로 욕구한 세계의 수락, 즉 세계의 미화인 바대로의 승인을 의미한다. 그렇게 함으로써 형이상학적 위안은 불필요하게 된다. 왜냐하면 사람들이 소위 세계가 지닌 부정적 특성에 대해 더 이상 저항하지 않고, 이것을 '현상들의 모든 변화'에도 불구하고 단순히 받아들이기 때문이다. 그러나 아무튼 바그너는 단지 예술에 대해서만 세계내의 한 장소를 마련해 주고자 한다. 바그너는 바이로이트의 예술적 사업이 가지는 근원적이고 문화혁명가적인 요구를 포기하였다.

"그러나 우리가 탄호이저, 로엔그린, 트리스탄, 지크프리트와 무슨 관련이 있단 말인가!"(KSA VII, 767).

바이로이트 전문저서를 준비하는 과정에서 이루어진 가장 완성된 방대한 장章을 가극의 수단과 목적 간의 관계에 대한 논의로 다시금 가득 채우고 있다. 바그너의 예술에서 음악과 드라마가 각각 동등한 권리를 가지고 같은 선상에 나란히 놓인다는 것은 니체에게는 거부되고 있다. 우선 니체는 쇼펜하우어의 형이상학이나 한슬리크_{Hanslick}의 형식을 강조하는 음악이 지향하는 것과는 전혀 다른 방향으로 나아가던 후기 낭만주의적 음악을 근거로 삼고 있다(TDM, 41).

> "그러나 음악은 바로 소리로 표현된 음악가의 고양된 감정이다. 즉 아무튼 한 개인의 고양된 감정이다. 그리고 그것은 항상 그러했다. (순수한 형식주의적인 광상곡 이론을 도외시한다면) 그러므로 완전한 모순이다. 감정의 아주 특수한 표현으로서, 즉 감정의 특정한 표현으로서 음악 — 더불어 아주 특정한 감정들의 공존, 즉 언어와 움직임을 통한 극 중 인물들의 공존으로서의 연극, 이런 것들은 서로 어떻게 일치할 것인가? 아마도 음악가는 드라마의 과정 자체에 동감하고 순수음악으로 재현할 수 있을 것이다(코리올란 서곡)"(KSA VII, 771).

더 나아가서 예술작품으로서 가극의 가설을 좌절시키는 음악과 언어 간에는 근본적인 차이가 있다. 여기 니체에게는 먼저 드라마의 요구와 작곡가 자신의 요구가 배치되는 시대 이해가 문제다.

> "이제 음악가는 아주 다른 시간이 필요하다. 기본적으로 그에게는 결코 법칙이 미리 제정될 수 없다. 자극받은 지각은 한 음악가의 경우에는 길고, 다른 음악가의 경우에는 짧다. 이때 개념언어와 소리언어가 동시에 나란히 갈 것을 요구한다면 이것은 어떤 요구

란 말인가!"(KSA VII, 772).

그러므로 1874년 니체의 음악 이해에 있어 음악가의 지각과 감정
이란 개별적으로 그리고 진정으로 음악에 의해 표현되어야 하며 이
음악이란 개념언어로 전용되면 안 된다는 것이 결정적으로 되고 있
다. 니체의 최종 결론은 다음과 같이 표현된다.

> "이런 요소들을 모두 통일하는 것은 불가능한 것처럼 보인
> 다"(KSA VII, 772).

숙고한 결과 니체는 진기할 정도로 마법을 부리듯 경이로운 저서
『바이로이트의 리하르트 바그너』를 썼다. 이 책에서 니체는 그의 과
거의 위대한 우상이 지닌 평의 나쁜 성질을 아무런 가치평가 없이
언급하고 있다. 이러한 나쁜 평은 『바그너의 경우』에서 잘 알려진
신랄한 논박을 첨예화시켰다. 니체는 저서에서 다음과 같은 사실을
확인시킨다.

> "바그너는 정신적으로 맛보고 싶은 위험한 쾌감을 갖게 되었고
> 그는 마치 대학 도시에서 거주할 때 갖게 되는 박식함과 결부된 애
> 매함도 갖게 되었다"(KSA I, 436).

그 이외에도 이미 유고에서 쓰여 있는 바와 같이 바그너는 그의

'무절제'를 참고 견뎌야 했다. 바그너의 욕망, 욕망을 채우려는 그의 '일반적인 어설픈 능력 혹은 그럼에도 욕망을 채우지 못하는 무능력' 이 두 개의 대립은 그에게 '가시에 찔리는 것과도 같은 괴로움'을 주었다(KSA I, 441).

다음과 같은 문구는 예술가로서 바그너에게 가한 니체의 주요 비판이 1876년에 충성을 맹세한 저서에서도 나타나 있음을 아주 분명하게 드러낸다.

"그의 삶을 지배하는 사상, 즉 비교할 수 없는 영향, 모든 예술의 최대 영향이 바로 극장에서 이루어질 수 있다는 사상이 그의 내부에 싹텄을 때 그런 사상으로 그의 존재는 대단히 격렬하게 격앙되었다. 이것으로 그의 계속된 욕망과 행위에 관한 분명하고도 명백한 결단이 주어졌던 것은 아니다. 이러한 사상은 처음에 단지 유혹적인 형태로서만, 즉 만족할 줄 모른 채 권력과 영광을 갈망하는 저 어두운 개인적 의지의 표현으로서만 나타났다. 영향, 비할 데 없는 영향 —무엇을 통해서— 이것이 그때부터 그의 머리와 심장을 떠나지 않는 질문이자 탐구과제였다. 그는 지금까지 그 어떤 예술가도 해내지 못했던 만큼 승리하고 정복하고자 했고, 단숨에 자신을 그토록 어둡게 내몰았던 저 강압적인 전지전능함에 도달하고자 했다"(KSA I, 472).

이러한 간략한 개요에 있어 니체의 본질적인 비판은 1874년 유고

138

에서 모은 것이다. 이 비판점은 『바그너의 경우』에서는 반발과 분노를 우려하고 있다. 다시 말해서 전제정치로서 영향력이 큰 극장에 술인 바그너의 가극을 우려하고 있다.

니체가 더 이상 바그너의 음악을 쇼펜하우어의 세계의지를 발견하는 마술지팡이로서는 이해하지 않는다는 상황은 주목할 만한 가치가 있는 것으로 나타나고 있다. 한편으로는 "바그너의 음악은 세계의 모사와도 같고, 에페소스의 위대한 철학자가 논쟁 자체가 생산해 내는 조화로서, 즉 정의와 적의의 통일로서 이해한 것과 같은 세계 말이다"(KSA I, 494).

따라서 『비극의 탄생』 이래 변화한 니체의 음악 이해는 유고가 표현하는 바와 같이 제2의 바그너 저서의 테두리 속으로 조심스럽게 파고 들어가고 있다. 오이디푸스 및 프로메테우스의 신화들을 잔혹한 소재로 삼았던 고대비극을 부활시키려는 이전의 이상은 변용을 위하여, 즉 세계의 조화로운 모사를 위하여, 음악에 의하여 표기되었다.

4

새로운 니체

『바이로이트의 리하르트 바그너』가 출판된 지 10년, 니체는 이 책이 지니고 있는 애매하고 장식적인 성격을 바그너가 알고 있었을 것이라고 가정한다. 『반시대적 고찰』의 제4부 및 최종 부는 결별의 행위이며 소외의 행위였다. "바그너 자신도 속지 않았을 것이다"(KSA XII, 233).

사인私人 및 이데올로기에 집착한 자로서 바그너와 니체 간의 완만하게 생기기 시작한 상이성의 원인에 대해서는 간략하게나마 스케치되어야 할 것 같다. 왜냐하면 『인간적인 너무나 인간적인』에 의거하건대 니체가 그의 출판된 저서들에서 그것이 어떻게 명료하게 나타나는가를 잘 보여 줄 것이기 때문이다. 전체적으로 살펴볼 때 니체와 바그너가 서로 멀어진 데는 세 가지 요인이 있다.

첫째, 바그너의 가극개념에 대한 니체의 근본적인 회의.

둘째, 1871년부터 1876년까지 약 5년이라는 기간 동안 니체의 사상이 변화를 겪었다는 점.

셋째, 바그너의 단호하면서도 권위주의적인 태도에 매료되고 위압되면서 감히 그에게 가까이 접근하지 못했다는 점.

이러한 사태는 관련 있는 전기들에 의해 충분히 명시되고 있고 유고에서도 나타나고 있다. '반프리트Wahnfried'에서 니체가 보인 반사회적인 태도를 적어 둔 바그너의 메모와 바그너가 공개적으로 격분했던 브람스의 '개선의 노래Triumphliedes'에 대한 찬양의 글이 발견된다.

"폭군은 자신과 자신에게 친숙한 개성과 다른 개성을 전혀 인정
하지 않는다. 브람스 등과 또는 유대인을 인정하지 않는다면 바그
너가 안고 있는 위험은 크다"(KSA VIII, 765).

짐작건대 바그너는 니체의 개성을 거의 인정하지 않았던 것 같
다. 바그너에게 정신적 획일화는 우정의 전제였다. 이것은 니체가
지속적으로 관찰했던 바이다.

결국 니체는 결정할 수밖에 없었다. 즉 그는 참여자의 한 사람으
로서 바이로이트 운동의 공공연한 문화적 빛 속에서 볕을 쬐거나 자
유정신을 지닌 철학자로서 자기 자신이 예상한 그늘진 길로 나아갈
수밖에 없었다(TDM, 44). 『바이로이트의 리하르트 바그너』가 출간되
어 나왔을 때 니체는 이미 그 바이로이트 전문저서에 반대하기로 결
심하고 있었다. 1875년의 유고에서 니체는 다음과 같이 우려했다.

"어떤 견해를 ―그것을 품고 있는 자를 간주하는― 표명하는 일
이 목전에 놓여 있다. 그러면 친구들과 지인들은 수치스러워하고
불안해할 것이다. 나는 이런 불길을 통과해야만 한다. 나는 더욱더
나답게 될 것이다"(KSA VIII, 94).

『반시대적 고찰』에서는 아직도 표명되지 않았던 어떤 견해들을
니체가 품게 되었는지 간략하게나마 요약해야 할 것 같다.

우선 바그너의 가극에 대한 모든 반론은 자제되었거나 그 일부는

바그너의 예술활동의 몰가치적 기술로서 나타났다. 쇼펜하우어의 철학에 대한 니체의 연결고리는 단지 쇼펜하우어의 전기와 문체양식을 논의하고 있는 『교육자로서의 쇼펜하우어』라는 저서가 그것을 표명하고 있는 바와 같이 찾을 수 있다. 그러나 특히 『반시대적 고찰』을 위한 니체의 사전작업은 인간의 인식능력에 대한 회의로서 관철된다. 그러므로 "철학자는 언어의 망에 포획되어 있다"(KSA VII, 463).

"모든 인식이란 하나의 척도에 따라 평가한 것이다"(KSA VII, 467). 그리고 '우리가 의식하는 유일한 인과성'은 '의지와 행위' 사이에 있다. "우리는 이것을 모든 사물에 옮겨 놓는다." 그리고 "우리는 항상 함께 일어나는 두 가지 변화 사이의 관계를 해석한다." 동시에 니체는 그가 예술 위에 가져다 놓은 비판적이고 분석적인 철학의 가치를 인식하고 있었다.

> "지금 우리에게는 예술의 배후로 삶의 고귀한 형식이 주어져 있다. 또한 이제 다음 단계는 선택적 인식, 충동, 즉 철학이다"(KSA VII, 422).

철학자는 예술가와 대등하다.

> "철학자는 절박하게 필요한 것을 인식해야 하고 예술가는 그것을 강조해야 한다"(KSA VII, 422).

그리고 문헌학자는 암중모색한다. 그리스의 비극은 현실 속에서 재현될 수 없다.

> "왜냐하면 우리는 결국 저 비극의 현실을 대신해 눈앞에서 인쇄된 종이를 보고 있기 때문이다. 우리는 완성된 삶의 표현 속에서의 그리스인을, 비극적 배우, 가수, 무용수로서의 그리스인을, 매우 야심 찬 예술적인 관객으로서의 그리스인을 우리에게 보충해야만 한다"(KSA VII, 566).

바이로이트 저서가 출판되기 전 아직 유고 상태로 고정되어 있던 예술과 음악에 대해 니체가 보여 준 높은 수준의 평가는 예술과 음악에 대한 근본적인 평가절하를 마취제로 표현하고 있다. 니체는 1875년에 바그너의 가곡에 대한 투쟁을 공공연하게 중지하고, 영향이 큰 대중예술에 대한 그의 근본적인 회의를 모든 예술형식으로 옮겼다.

> "인간이 고통에 대해 사용하는 수단은 때때로 마취들이다. 종교와 예술은 표상을 통해 마취하는 수단이다. 그것들은 고통을 무마하고 완화한다. 그것은 마음의 고통을 치유해 주는 낮은 기술의 한 단계이다"(KSA VIII, 85).

예술은 시대에 뒤떨어진 것으로서의 예술 그리고 계몽에 반대하는 예술이다(KSA VIII, 87). 결국 니체 또한 자신의 언어양식을 변경하는 것을 고려했다.

> "모든 '우리'와 '우리가'와 '내가'를 제거할 것. 또한 '부문장'이 있는 문장을 제한할 것. 온갖 인위적인 단어를 가능한 한 다 피할 것"(KSA VII, 482).

니체는 5년 후에 비로소 『인간적인 너무나 인간적인』을 통해 구체적으로 언어를 표현하고 신비로운 표상을 제거했다. 마치노 몬티나리Mazzino Montinari에 따르면 니체의 가장 의미심장한 내적 변화는 단지 바이로이트 전문저서의 작성 시기(1874년 10월에서 1876년 7월까지)에만 일어났다. 그뿐만 아니라 변화는 『반시대적 고찰』에서도 이루어지고 있다. 이처럼 남몰래 변화하여 새로워진 회의적이면서 계발된 자유상을 제시한 니체는 1876년 바이로이트 축제에 참여하고 싶지 않았던 것 같다.

최초의 바이로이트 축제 기간에 느꼈던 니체의 실망은 특히 인간적 측면과 관련 있다. 유고가 입증하고 있는 바와 같이 가극을 듣는 청중과의 관계에 있어 니체는 사전 경고를 받았다. 니체가 『바이로이트의 리하르트 바그너』에서 한 번 더 맹세한 바그너 예술을 통한 문화개혁이라는 의심스러운 환상은 최종적으로 수포로 돌아갔다. 그 점에 있어 니체가 나중에 『이 사람을 보라』에서 자기의 바이로이트 체험을 기술하고 있는 것은 단지 부분적으로만 적합할 뿐이다

144

(TDM, 47). 물론 니체는 바이로이트에서 깨어나지 못했다.

> "나는 완전히 꿈을 꾸고 있는 것 같았다"(KSA VI, 323).

　왜냐하면 그는 무엇이 그를 기다릴 것인지 알았기 때문이다. 그러나 그가 바그너를 아득히 먼 행복의 섬 트립셴에서 그리고 '작은 소속 사회'라고 할 수 있는 축제극장의 초석을 놓으면서 체험했던 바와 같이 거의 재인식하지 못했다는 것은 믿을 만한 것으로 생각된다. 그가 트립셴에서 바그너와 향유할 수 있었던 우정 어린 친절한 인간관계는 더 이상 가능하지 않았다. 굳이 말해서 바그너와의 인간관계가 있었다면 그것은 바쁜 음악가이면서 흥행사로서 바그너와의 인간관계에 불과했다(TDM, 47). 그러나 맨 처음에 니체는 말없이 바이로이트에 대한 인상을 받은 것 같다. 2년 후 비로소 유고에서 축제극에 대한 복합적인 소견들이 발견된다. 바그너의 가극에 대해 오래전부터 알려지고 확인된 반론 이외에도 바그너가 자기 작곡기술의 하자를 은폐하고자 시도했다는 확증이 드러나기도 했다. 다시 말해서 가극을 예술 분야로서 실행할 수 없다는 확증이 드러나기도 했다(TDM, 47).

　니체가 바그너를 바이로이트 전문저서에서 천성적 딜레탕트로 태어난 것으로 강조하고 있는가 하면, 바그너는 전문적인 교육을 받지 못했다고 비판했다. 니체는 이러한 불능이 바그너에게 원칙이 되었고 그는 이것을 새로운 예술형식으로 끌어올리고자 했다고 폭로하고 있다.

"바그너는 그의 음악으로 이야기할 수 없고, 증명할 수 없고, 오
히려 엄습하고, 전복시키고, 괴롭히고, 긴장시키고, 깜짝 놀라게
할 수 있다. ─ 전문적으로 교육받지 못한 것을 원칙에서 거두어들
인다. 정조情調, Stimmung는 작곡을 대신한다. 그는 직접 길을 나선
다"(KSA VIII, 492).

바그너의 음악은 작곡상의 하자瑕疵를 호전적인 태도를 통해 은
폐하고자 한다. 이것은 오래전의 유고의 문구들이 명료화하고 있는
바와 같이 독일인들의 조야粗野함과 상응한다.

"형식의 관점에서 바그너는 독일인의 거친 야만성을 가지고 있
다고 느끼고 프랑스인이나 그리스인의 표어 아래서 싸우는 것보
다는 한스 작센의 표어 아래서 싸우길 원한다. 그러나 독일 음악
(모차르트, 베토벤)은 민요처럼 내적으로 이탈리아의 형식을 받아들
였다. 그것은 잘 정돈된 풍성한 윤곽을 갖고 있기 때문이다. 농부
적이고 시민적인 조야한 태도에 걸맞지 않다"(KSA VII, 767).

전통적인 형식에 대한 바그너의 조야한 태도는 니체에 의하여 불
순한 행위로서 고찰되고 있다.

"형식에 대한 바그너의 비판에서 에커만에게는 다음과 같은 생
각이 떠오른다. 사람이 아무것에도 존경심을 가지지 않을 때 어떤
예술도 정신적으로 풍부하지 않다"(KSA VIII, 502).

　　결국 바그너는 '최고의 양식법칙'에 상처를 입힌다. 왜냐하면 니
체가 비유적으로 표현하고 있는 바와 같이 바그너는 예술 분야인 음
악의 기술적인 가능성을 너무나 힘겹게 만들고 있기 때문이다.

　　"나는 말로써 작용하고자 하는 바그너의 음악과 그림으로써 작
용하고자 하는 양각─조각을 비교한다. 최고의 양식법칙은 손상
되었고 더 이상 가장 고상한 것에 이를 수 없다"(KSA VIII, 492).

　　이러한 견해는 10년 뒤에 바그너가 그의 양식에서의 무능함을 통
해 하나의 원칙을 만들고 있다는 『바그너의 경우』의 중심적인 논제
를 형성한다. 《신들의 황혼Götterdämmerung》의 제2막 음악이 논의하고
있는 가극에 대한 니체의 반박을 언표한 가장 결정적인 조각글에
서 니체는 드라마란 '상징적인 해석'을 덧붙이는 것이고 '항상 이해
의 자유로운 상상의 길을 여는 일종의 문헌학적인 주석을 덧붙이는
것 ─ 압제적으로'이라는 것을 나타내고 있다(TDM, 48).
　　드라마에 대한 이러한 음악적 해석은 설명이 필요하다. 이때 사
람들은 바그너의 음악─상징을 주도동기 목록에서 해독할 수밖에
없다고 생각한다. 니체는 맨 먼저 시를 이해하고, 그다음에 이 시를

눈으로 보는 가운데 행동으로 변화하지 않으면 안 되고, 마지막으로 음악 상징성을 찾고 해독하고자 하는 것을 불가능한 것으로 간주했다. 가극에 의해 요구되는 수용의 태도, 눈, 귀, 오성, 감정에 의한 '열 배의 주의력, 고도의 활동의 수용'은 생산적인 반작용을 수반하지 못한다. 특히 사람들은 가극의 세 가지 요소들을 동시에 감지할 수 없다. 왜냐하면 사람들은 오직 음악에, 드라마에, 장면에만 주의력을 기울이기 때문이다. 그래서 작품은 해체된다(TDM, 49).

　니체에 의하면 시, 장면, 음악이 동등한 권리를 가지고 공존하고 있는 가극은 기능을 발휘하지 못한다. 드라마 없는 음악 그 자체는 '혼란한 음악'이다. 따라서 니체의 가극에 대한 비판을 논박하는, 그것에 대한 증오심이 마음속에서 가시지 않는 이론異論은 폐기되고 있다. 니체는 극장-무대적인 것을 추적하는 대신 항상 음악만을 들었다. 왜냐하면 니체는 가극의 다양한 요소들의 동시적, 집약적, 의식적 수용이 가능하지 않다는 것을 근거로 삼고 있기 때문이다. 그러므로 드라마 없이 경청되는 바그너의 음악이란 승인될 수 없다. 이러한 음악이 전체로서 참을 수 없다는 것이 칭찬일까? 여기서 사람들은 자유로운 연상작업에 있어 니체의 상상을 관찰할 수 있다. 이 연상작업은 물론 색조가 좋은 문구들을 바그너의 작품으로부터 떼어 놓을 수 없다.

5

바그너의 가극에 대한 니체의 부정

데카당 예술로서 가극에 대한 관점에 이르기까지 『바그너의 경우』의 전체적인 내용은 이미 1878년에 확정되어 있었다. 그때부터 니체는 그의 가극 비판을 일정량씩 출간되어 나온 다양한 작품 속에 흘려 넣었다. 물론 예술활동과 세계관도 포함하고 있는 니체의 초기의 바그너 비판은 우선 억제되고 있다.

『인간적인 너무나 인간적인』에서 바그너의 이름은 1886년에 쓴 머리말에서는 제외된 채 아직 언급되지 않고 있다. 그럼에도 바그너가 언급된 것은 예컨대 『인간적인 너무나 인간적인』의 제4장 "예술가와 저술가의 영혼으로부터"에서였다. 사람들은 니체가 예술을 반계몽적인 것으로 평가하고 있는 것을 부정적인 해석으로 받아들인다. 잠언 147항인 '죽은 자를 불러내는 강신술로서의 예술'에서 니체는 다음과 같이 쓴다.

"우리는 비록 예술가가 발전하는 인류의 남성화와 계몽의 선두에 서지 않는다고 하더라도 예술이 지닌 이런 일반적인 효용성 때문에 예술가를 관대하게 보아야 한다"(KSA II, 142).

왜냐하면 예술가는 일생을 어린아이와 젊은이인 채로 있으며 자신에게 예술충동이 엄습했던 지점에 머물러 있기 때문이다.

바그너의 가극은 바로크 예술로서 경시된다. 그와 동시에 이러한 조직화가 다시금 『바그너의 경우』를 상기시킨다.

> "나는 매우 회의적이다. 왜냐하면 이 음악에서 지배하고 있는 것, 격정, 고양되고 긴장된 기분에서의 기쁨, 어떤 희생을 치르더라도 생동하려는 의욕, 감정의 급격한 변화, 빛과 그림자 속의 강력한 부조적浮彫的 효과, 황홀함과 소박함의 병행, 이러한 것은 모두 일단 조형미술에서 지배적이었고 새로운 양식의 법칙을 창조해 낸 것이었다는 ― 그러나 그러한 것은 고대에도 르네상스 시대에도 없었다"(KSA Ⅱ, 180).

특히 바그너를 겨냥했던 니체의 비판은 다른 예술가들에게도 적용되었다.

> "사실 사람들은 자신을 자유롭게 내버려 두고 자제하지 않으며 자신의 분노와 욕구를 위해 넓은 자리만 내주기만 하면 된다. 그러면 곧 세상 사람은 저 사람은 얼마나 열정적인가? 하고 외친다"(KSA Ⅱ, 172).

니체가 바이로이트 저서에서 이미 언급한 바그너의 창조의 분노, 즉 열정 역시 여기서 다음과 같이 언급된다.

"중단 없는 창조 욕구는 조야하고 질투, 시간, 공명심을 나타낸 다"(KSA II, 43).

바그너를 겨냥하는 이러한 음흉한 비아냥은 예술에 관한 총체적 인 고찰을 관통하고 있다. 이 비아냥은 전문가들에 의해서만 해독 되었다. 그리고 환상적인 평화의 집인 반프리트에서 사람들은 제정 신이 아니었다.

그러나 『인간적인 너무나 인간적인』 2권에서 니체의 숨바꼭질은 중지되었다. 가극에 대한 공격에 가극의 창시자는 곧이곧대로 말하 고 있다. 니체의 바그너 비판의 원천에 관하여 당면한 장章이 도입 한 잠언 134항에서 바이로이트와 바그너 숭배자들에 대한 공공연한 투쟁이 시작하고 있다. 1888년 니체는 팀파니 소리로써 경청하도록 하지 않을 수 없었다. 그러나 『바그너의 경우』는 이미 설명한 바와 같이 다시금 공공연하게 거짓된 수용으로 나아갔다(TDM, 50).

니체는 1888년에 갑자기 바그너의 예술활동을 외면했다. 니체는 이러한 견해를 『니체 대 바그너』의 편집을 통해 수정하고자 했다. 따라서 니체는 바이로이트와 자기의 출판물들에 아둔하고 피상적 인 관심들에 대항해서 투쟁했다. 그런 관심 속에서 드러난 소원해 진 바그너와의 관계는 무시되었다(TDM, 51). 니체는 우선 비판을 억 제함으로써 그리고 바그너가 지닌 수단으로써 바그너를 가격하고 자 시도하면서 바그너에 대한 자기의 투쟁을 서투른 솜씨 때문에 망 친 것으로 생각한다. 그러므로 니체가 무엇 때문에 바그너에 대한 자기의 속셈을 드러내지 않고 1878년에 공식적으로 미리 공격의 신호를 보냈는가 하는 문제가 결정적이다.

우선 바그너 예술과 직접적으로 펼친 대규모의 대결은 니체의 잠언적 철학 스타일과는 모순된다. 그 밖에도 니체는 최종적으로 바그너에게서 벗어나고자 했고, 바그너의 적대자로서가 아니라 자주적인 철학자로 여겨지기를 바랐다. 왜 그는 가극에 대한 자기의 착상을 철학적인 주 관심사에 삽입하려고 했을까? 아마도 니체는 가극에 대한 대규모 공격을 피하는 가운데 개인적인 우정을 유지할 수 있기를 바랐을 것이다. 니체는 바그너와의 관계를 많은 잠언들에서 은밀히 호소하고 있다. 이러한 정황에 관해서 가장 잘 알려진 것은 『즐거운 학문』의 잠언 279항 '별들의 우정'이다.

니체는 잠언 279항 '별들의 우정'에서 다음과 같이 쓴다.

"우리는 친구였지만 서로 서먹서먹한 채 소원해 있었다. 그러나 그것은 당연한 일이기도 하지만, 마치 우리가 그것을 부끄러워하는 척하면서 그것을 비밀로 하거나 애매하게 덮어 두고 싶지는 않다. 우리는 각각 자기 나름의 목표와 항로를 가진 두 척의 배다. 우리는 과거에 그렇게 했던 것처럼 서로 교차하고 함께 축제를 벌일 수도 있을 것이다. — 그런 다음 항구에 정박한 얌전한 배처럼 태양 아래 조용히 누워 동일한 목표를 가졌거나 그 동일한 목표에 이미 도달한 것처럼 보일 수도 있었을 것이다. 그러나 우리의 과제가 지닌 막강한 힘이 우리를 다시 서로 다른 대양과 태양 속으로 갈라

놓았다. 아마도 우리는 다시는 서로를 보지 못할 것이다. 아마 다시 보게 되더라도 서로를 알아보지 못할 것이다. 서로 다른 대양과 태양이 우리를 변화시켰기 때문이다! 우리가 서로 서먹서먹하여 소원해져야 한다는 것이 우리 위에 드리운 법칙이다. 바로 이를 통해 우리는 서로를 더 존중하게 될 것이다! 바로 이를 통해 우리의 지난 우정에 대한 생각도 더 신성하게 될 것이다. 아마도 서로 다른 우리의 길과 작은 항로들로서의 목표를 그 안에 포괄하는, 우리의 눈에 보이지 않는 거대한 곡선과 별의 궤도가 존재할 것이다. 이러한 생각에 이르도록 우리를 고양하자! 그러나 저 숭고한 가능성의 의미로 친구 이상이 되기에는 우리의 삶은 너무 짧고, 우리의 시력은 너무 보잘것없다. 그러므로 우리가 비록 서로 간에 지상에서 적일 수밖에 없다 할지라도 우리의 별들의 우정을 믿기로 하자"(KSA III, 523ff).

그러나 『인간적인 너무나 인간적인』 2권에서 니체는 바그너와의 일방적이면서 거의 센티멘털한 상호소통을 시도했다. 물론 바그너는 이 책을 더 이상 꼼꼼하게 읽지 않았다.

"공적인 반박은 가끔 화해의 성격을 띤다. ─ 어떤 사람이 유명한 정당 지도자나 학자의 견해에 공공연하게 자신의 반론을 밝힐 때 세상 사람들은 그가 상대방을 미워하고 있음이 틀림없다고 생각한다. 그러나 바로 그때 그는 종종 상대방을 미워하는 일을 멈춘

다. 그가 과감하게 자신을 상대방과 비교하려고 했으며, 말하지 못

했던 질투심의 고통이 사라졌기 때문이다"(KSA II, 405).

여기서 이 정당 지도자는 의심할 여지 없이 바그너이다. '교의의

차이' 때문에 바그너를 원망할 필요가 없었던 니체는 여기서는 바그

너 쪽으로 방향을 전환하고 있다. 그 밖에 니체는 그와 바그너 간의

관계에 대해 깊게 통찰할 수 있다. 그와 바그너 간의 관계는 무언의,

즉 입 밖에 내지 않은 질투의 고통에 의해 결정되었다.

니체의 가극 비판은 근본적인 철학적 숙고를 고려하지 않고 표명

될 수 있었다. 낭만적 또는 데카당스의 예술에 대한 비판점에 이르

기까지 그리고 남방의 명랑함에서 절정에 이른 듯한 이상적인 음악

에 대한 니체의 서술에 이르기까지 『바그너의 경우』는 1878년에 이

미 완전히 완성되었다. 이때 니체의 이론異論은 특히 가극이라는 새

로운 장르에 적용되었고, 근본적으로는 바그너 음악을 조준하지는

않았다. 그러나 부분적으로는 사람을 포함하고 있었다. 왜냐하면 니

체는 드물게 빛나는 음악가의 능력에 감격할 수 있었기 때문이다.

"《파르지팔》의 서곡, 나에게 오래전부터 베풀어진 최대의 은

혜 … 내가 알고 있는 가장 위대한 숭고함의 명작. 엄청난 확실성

을 파악하면서의 힘과 엄격함, 그에 관한 동정의 크기에 관한 이루

말할 수 없는 표현"(KSA XII, 198ff).

바그너의 음악이 우선적으로 드라마틱한 생기生起를 도해圖解하면서 도움이 되지 않는 한 그리고 음악에 있어 가을의 음조가 우세하는 한 바그너의 음악은 니체의 동의를 얻고자 한다.

물론 바그너의 가극에 대한 니체의 이론異論이 진실하냐는 물음이 선행하지 않을 수 없다. 니체의 이론들 가운데 어떤 것이 일반적으로 검증 가능할까?

음악기술적 분석에 있어 바그너의 음악은 자주성을 입증할 수 있었고 니체의 비판은 그 비판의 토대를 상실했다. 그것은 다음에서 논의하고 있는 바그너의 무대작품에서의 음악형식에 따르면 오래된 문제이다. 바그너의 음악이론 저서들은 니체의 가극평가를 보증하고 있다. 음악 연구에 있어 물론 그 평가의 중요성은 의문시된다(TDM, 53). 그러므로 니체의 이론적 확증은 바그너의 저서들에서 간명하게 표현된 가극 구상에 의해 충족되지 않는다. 왜냐하면 현실적으로 가극은 무대에서는 전혀 다르게 나타나기 때문이다. 더욱이 음악과학적 바그너 연구의 두 번째로 중요한 주제인 바그너의 예술활동에서의 이론과 실제의 관계가 연구되지 않으면 안 된다. 그러나 니체의 평가방식의 견고한 토대를 마련하기 위해서는 긴급히 그 평가와 연구를 뒷받침할 경비가 필요한 것으로 나타나고 있다. 가극에 대한 니체의 평가가 제일 먼저 그 가극의 객관적인 성질로부터 나오기 때문에 이 평가는 안전하게 보증되지 않을 수 없다.

청중을 압도하는 소위 가극의 영향을 입증해 보이기는 훨씬 어려워졌다. 주관적, 심리적, 생리적, 통계적인 것에 대한 이해력이 부족한 —교양이 있거나 없거나 간에— 바그너 음악 매니아 청중들을 계도한다는 것은 거의 불가능했다. 그리고 그것에 상응하는 동시대적 보고를 증거로 끌어내는 것은 첫째로 그 보고들 가운데 선택의 문제이다. 문제와 그 해결은 바그너의 가극이 오직 감상적인 음악 속물에게만 말을 걸고 오직 열정과 정서에만 호소하고 있다는 니체의 일반화된 심판에 있다. 따라서 감정 지향에 우선을 두고 시도하는 수용의 결과는 개념 제약적이다(TDM, 53). 그러므로 분석 가능한 가극의 성질은 진지한 경청 태도를 결정한다. 그러나 전형적인 바그너의 청중과 바그너 숭배자들에 대한 니체의 평가가 전혀 근거가 없는 것은 아니다(TDM, 53).

제6장

바그너의 가극 구상에 대한 니체의 반론이 지니는 의의

니체는 바그너의 가극이라는 이론적 구상과 무대 위에서의 사실적인 현상이 일치되지 않는다고 비판한다. 다시 말해서 니체는 바그너의 이론과 실제가 서로 일치되지 않는다고 주장한다.

> "'음악은 항상 수단에 불과하다': 이것이 바그너의 이론이었습니다. 이것은 무엇보다도 전반적으로 그가 실천할 수 있었던 유일한 행위였습니다. 그러나 어떤 음악가도 이렇게 생각하지는 않습니다. ― 바그너는 '자기의 음악이 무한한 것을 의미하기 때문에' 진지하게 받아들이고, 깊이 받아들이라고 전 세계를 설득시키기 위해 문학이 필요했습니다. 그는 평생 '이념'의 해설자였습니다"(KSA Ⅵ, 36).

사람들이 인식하고 있는 바와 같이 니체에게 바그너의 이론과 실제는 맨 먼저 직접적인 맥락 속에 존립해 있다. 그러나 바그너가 가극의 실체와 그것이 지니고 있는 가치를 높게 평가하기 위해 자기의 글들을 이용하기 때문에 이론과 실제는 일치하지 않는다. 니체에게 바그너의 이론은 음악적 실제 그 이상의 것으로 간주되고 있다. 니체의 이러한 평가가 많은 가능성 가운데 단지 한 가능성만을 나타내고 있다는 점이 바그너 연구에 대한 전망을 분명하게 보여 준다. 바그너의 이론과 실제 간의 변증법적 관계에 대한 세 가지 다양한 평가가 거기에서 확정될 수 있었다.

첫째, 이론은 실제에 전적으로 상응한다.
둘째, 이론은 실제가 유지하고 있는 것 이상으로 약속한다.
셋째, 이론은 실제가 유지하고 있는 것보다 적게 약속한다. 다시 말해서 음악적 예술작품은 그것이 오도하지 않는다면 더 이상 설명이 필요 없고 이론적인 고찰도 불필요하다.

니체의 입장이 적절한 것으로 입증된 것을 봐서 바그너의 글들은 무조건 그의 실제에 대한 작곡의 조명에 기여했다. 왜냐하면 비록 미화된 변명서들이라고 하더라도 바그너의 글들은 이상화된 작곡 실제의 조명에서 보충적인 것으로 기여했기 때문이다. 바그너의 이론과 그 이론의 음악적 실제 간의 일치라는 니체의 주장이 만장일치로 수용될 수 있는 한 바그너에 대한 니체의 비판이 가지는 적절함은 두 가지 가능성에서 복선적으로 연구되지 않을 수 없다.

첫째, 바그너의 이론적 착상에 있어서, 둘째, 그 이론적 착상의 음악적 실제에 있어서 니체의 진술이 측정되지 않으면 안 된다.

이러한 두 가지 영역이 특별히 연구될 경우 비로소 바그너의 실제와 이론의 근본적인 일치라는 니체의 주장은 부정될 수 있거나 진실하지 못한 것으로 논박될 수 있다.

1

독일의 작곡가 바그너

바그너는 음악가가 아니고 배우라는 니체의 비판은, 가령 바그너가 자기 자신을 음악가로 이해했다면 그리고 음악사의 서술이 그를 거기에 상응하여 분류한다면, 그 경우에만 적중한 것일 수 있다. 요컨대 바그너가 자기의 모든 예술작품의 이념에 상응하여 보건대 음악가 및 작곡가로서 간주되지 않고, 오히려 새로운 예술가의 전형을 자신 속에서 실현한 것으로 생각할 수도 있을 것이다. 또는 바그너가 무엇보다도 먼저 ―니체와 전적으로 일치하는 바로서― 배우 또는 극작가로 분류되는 것이 가능할 수도 있을 것이다. 우선 바그너 전집에 나오는 머리말의 첫 문장이 사실은 그렇지 않다는 것을 나타낸다.

"저명한 음악가[!]의 저작상의 유산이 그의 죽음 이후에 여러 차

레 수집하여 출산된 이후 나는 나의 문필적 산물들의 전집을 출간
하면서 우선 내가 아직 살고 있다는 비난에 대하여 변호하지 않을
수 없었다"(SD I, III).

그 외에도 바그너는 우리가 '1인 2역의 인물'로 생각하는 '시인이
면서 음악가로 표상'될 수 있다. 그런데 바그너는 음악가에 속할 것
같다. 바그너는 음악가이면서 시인이라는 인적人的 동군연합同君聯合,
Personalunion을 결코 염원하지 않았다. 인적 동군연합은 말할 나위 없
이 현실적으로 수용될 수 없었다. 왜냐하면 주지하다시피 바그너는
그의 가극에서 시적인 모범을 창출했기 때문이다. 이러한 모범은
그에게 『오페라와 드라마』에서 상세한 주석을 강요했다.

   "그럼에도 나는 나의 예술적 활동이 적어도 나에게는 대단히 중
   요했다는 것을 고백한다"(SD IV, 209ff).

바그너는 지금까지 자기의 음악활동을 실험적이고 모범적인 것
으로 간주했다. 음악활동에 관하여 심사숙고하는 가운데 음악활동
을 재생함으로써 바그너는 『오페라와 드라마』에서 서술하고자 했
던 예술작품의 이상형에 이르렀다.
바그너는 자신이 시인이면서 음악가라는 인적 동군연합을 임시
방편으로 바라보지 않으면 안 되었다. 왜냐하면 그는 가극의 구상
에 있어 시인이면서 음악가를 1인 2역의 인물로 생각했기 때문이

다. 확실히 한 사람의 바그너와 한 사람의 문필가로서 바그너가 존재하고 있었다(TDM, 57).

제1의 바그너는 자기 본래의 의도와는 반대로 시인으로 자처해야만 했을 때 가극의 저작자로서 이해되었다. 제2의 바그너, 즉 문필가로서 바그너는 우선 이론적 논문의 필자로서 이해되었다.

더욱이 『오페라와 드라마』에 제시된 바그너의 주석은 이미 현존하는 실제와 정신적으로 논쟁을 벌인 결과이다. 바그너의 이러한 주석은 니체가 바그너의 글들을 어떻게 이해하고자 했는지를 지시하고 있다(TDM, 57). 총괄해서 말하자면 바그너는 자기평가에 있어서 그리고 자기의 가극 구상에 있어 음악가 또는 작곡가의 전통적인 형상에 충실히 머물러 있었다.

동시에 바그너는 자신을 결코 음악가와 시인을 혼용한 새로운 예술가 전형으로 간주하지 않았다. 또한 바그너는 1인 2역 인물 유형이었지만, 그 구성요소들이 섞여 있지 않은 유형이었다.

바그너의 이러한 자기평가는 음악사 서술에 접속되지 않았다. 『브로크하우스-리만 음악 사전*Brockhaus-Riemann Musiklexikon*』에서 바그너는 독일 작곡가로서 소개되었다.

작곡가는 작곡한다. 사전에서 추론하건대 작곡이란 소리에서 자기의 규칙성과 논리에 따르고, 한편으로는 음악이론과 논쟁하고, 다른 한편으로는 반성의 대상으로서 이론들에 영향을 주고 이론들을 수립할 수 있는 '특수한 사유'이다. 니체에 따르면, 작곡을 음악의 정의에서 평가한다면 바그너는 음악가가 아니다. 논박이 인정된다.

바그너의 음악은 그 본래의 논리와 규칙성을 가지고 있지 않다. 기존의 음악이론은 바그너에 의하여 무시되었고, 그는 결국 단지 서양 음악의 멸망 징조에 불과한 자기 자신의 극적인 스타일을 창출했다. 만일 니체가 어디까지 옳고 바그너가 사실상 단지 가극작가 또는 극장 작곡가에 불과하다면 그것을 통해 무엇을 획득하였을까 (TDM, 58). 한편으로 니체로서는 여기서 엄밀한 음악개념의 유지가 문제이다. 이러한 음악개념 때문에 니체는 음악이라는 예술형식의 유지 또는 부활을 확실하게 할 수 있다고 믿는다. 음악가라고 불릴 배우에 의하여 엄격한 음악개념이 완화됨으로써 음악이라는 예술 부문이 니체에게는 해체된다(TDM, 58).

다른 한편으로 가치문제가 있다. 바흐나 베토벤과 같은 반열에 올라설 수 있다고 생각되는 독일 작곡가는 가극의 특별한 제식형식을 창출한 창시자와 대변인으로서 높은 지위를 지닌다. 우리 세기의 1930년대 바이로이트에서 '마이스터'가 고귀한 작곡가 신분을 위해서 투쟁하지 않을 수 없었던 것을 간략하나마 명시해야만 할 것 같다(TDM, 58).

음악가 바그너의 구세주는 알프레트 로렌츠Alfred Lorenz였다. 가극에 대한 귀찮은 형식의 토론은 그가 쓴 『리하르트 바그너에게 있어서 비밀Das Geheimnis der Form bei Richard Wagner』이라는 이른바 북 시리즈(총서)로써 마침내 종결된 것 같았다. 따라서 작곡가로서 바그너는 명예를 회복한 것 같았다. 1924년도 연감年鑑의 출간을 알린 〈바이로이트 소식지Bayreuther Blätter〉에 게재된 로렌츠의 서평은 당시 근황을 잘 보여 준다. 주지하는 바와 같이 카를 그룬스키Karl Grunsky의 논문에는 니체조차 언급되고 인용되고 있다. 더욱이 〈바이로이트 소식지〉에서 바이로이트의 변절자로서 니체는 논의의 대상이 아니었다(TDM, 59).

> "나에게 드라마와 일치하는 심포니가 떠올랐다"(KSA VIII, 541).

그룬스키는 다음과 같이 써 내려간다.

> "우리가 마주하고 있는 책의 저자는 니체가 요구하고 있는 것을
> 실현하고 있는 것으로 확증했다. 우리의 서클 안에서 로렌츠 박사
> 가 원칙적으로 새로운 것을 가지고 오는 것을 우리는 숨기고 싶지
> 않다. 왜냐하면 음악적인 드라마의 통일을 시적인 소여所與로부터
> 이해하는 것이 중요하기 때문이다"(Blätter, 120).

이전에 코부르크Coburg에서 가졌던 음악 총감독직이 도움이 되었다고 생각하는 로렌츠 박사를 순전히 음악적으로 고찰할 때 바그너의 음악은 고유한 구조를 가지고 있다고 판단된다.

따라서 사람들이 여태까지 단지 경멸로써만 대처할 수 있었던 니체의 가극 비판을 반박한다는 것은 바이로이트 클럽에서는 로렌츠의 도움으로 마침내 가능할 수 있었던 것 같다. 지금 작곡가로서 바그너는 일반적으로 승인되지 않으면 안 된다. 이것은 마침내 가극

이 종파예술의 곤경으로부터 이끌려 나오고, 가극을 특수한 지위 없는 음악적 예술작품으로서 간주할 수 있었음을 의미한다. 오늘날 작곡가로서 바그너에 대하여 자명하다고 생각되는 평가는 비로소 가까스로 수용되어야만 했다. 작곡가로서 바그너의 지위가 바흐와 베토벤의 수준에 있다는 평가는 다시금 논의되어야 할 것 같다.

2
|
자율적인 예술형식으로서 음악의 종말

바그너는 『오페라와 드라마』에서 그의 '가극'을 선전하고 있는데, 세 가지 필요성에서 그렇게 하고 있다.

> 첫째, 기악 또는 순수음악의 하강은 새로운 바그너적 예술 분야를 필요로 한다.
> 둘째, 문학상의 새싹으로서 시종일관 끝까지 사유된 드라마는 물론 더욱 나은 드라마의 이해를 위해서만 음악적으로 개화되어야 한다.
> 셋째, 바그너에게는 자연 그대로의 (본능적인) 필연성이 있다.

가극은 언어의 근원으로 소급된다. 바그너의 경우 근원어Ursprache
에 있어 단어와 음악적 소리는 함께 있다. 바그너는 이러한 원상태
로 돌아가고자 노력한다. 바그너에게 중요시되었던 세 가지 필요
가운데 제1의 필요는 이 절의 대상이다.

"로시니와 함께 오페라의 본래 역사는 끝이 났다"(OD Ⅲ, 255ff).

이러한 입장에는 다음과 같은 근거들이 있는 것으로 바그너는 생
각한다.

첫째, 음악가는 "예술작품의 절대적 요소다." 예술작품은 관객의
취향을 지향한다.
둘째, 오페라의 극적 차원은 가수가 임무를 '마음을 끄는 노래의
예술적 기교를 행사하는 데서' 보았기 때문에 제거된다.
셋째, 결정적인 사항은 완전한 원문에서 재현되고 있다.

"거대한 음악 청중이 완전한 특색 없는 멜로디와 오직 음악 내
용만을 파악했을 때, 오페라 작품들의 새로운 맥락에서 오직 음악
형식의 구조만을 파악했을 때, 음악의 밤이 도취시키는 효력 아래
에서 오직 음악의 본질만을 음악의 감명에 따라 파악했을 때 오페
라는 끝난다"(OD Ⅲ, 265ff).

바그너에게 음악의 관점하에서 형성된 가창의 선율은 오페라의 종말을 의미한다. 결국 그것으로부터 가극의 밤의 마약에 취한 듯한 영향이 결과로 나타난다. 바그너에게 음악이 극적 사건을 지원하는 대신 그 자신의 형식적인 법칙에 따른다는 것은 오페라의 종말을 신호한다. 왜냐하면 한편으로 오페라를 지향하는 절대음악은 미래를 가지지 않기 때문이다. 오히려 오페라는 시문학을 지향해야 한다.

> "현실적으로 가장 새로운 시대에까지 오페라의 형상화에 결정
> 적인 영향을 미친 모든 것은 오직 절대적 음악의 영역에서만 추론
> 된다. 그러나 시문학이나 두 예술의 건전한 협력에서는 추론되지
> 않는다고 관찰하는 것이 매우 중요하다"(OD III, 276).

기악의 쇠퇴에 있어 바그너의 주요 증인은 베토벤이다. 바그너는 그의 후기 작품에서 일찍이 순수음악형식을 인정하는 로시니의 오페라가 음악사에서 베토벤에 의해 극복된 요소들에 의지하고 있다는 점을 나타내 보일 수 있다고 확신한다. 바그너에게 베토벤은 기악의 한계를 의식한 최초의 작곡가였다. 이 한계들은 시가, 즉 언표된 말이 시작한 곳에서 끝나게 된다. 기악의 음울한 전망의 원인은 기악의 음악적 외관 및 기악의 원인과 관련이 있다. 바그너에 의하면 기악은 작고 하찮은 부분들이 해체됨으로써, 즉 이러한 부분들의 새롭고 다양한 접합, 확장, 단축을 통해서 노래와 춤으로부터 생겼

다. 바그너가 기악의 쇠퇴를 증명할 수 있다고 믿고 있는 가장 중요한 증명은 베토벤의 심포니 9번이다(TDM, 62).

> "마이스터가 마침내 우리에게 그의 대작(주요 작품)에서 표현하고 있는 것 중 가장 결정적인 것은 음악가로서 그가 느낀 필연성이다. 즉 진정하고 틀림없으며 현실적인 구원의 멜로디 생성을 완성하기 위해 시인의 팔에 안기는 그런 필연성이다"(OD Ⅲ, 312).

이 시인은 프리드리히 실러Friedrich Schiller이고, 바그너의 마음을 끈 가극은 베토벤의 심포니 9번의 마지막 문장이다. 이 결과 하필이면 바그너에게 기악곡 작품의 가장 중요하면서 가장 명망 있는 작곡가 베토벤이 궁극적으로 이것을 위해서 기악의 한계를 의식했다는 점은 결정적이다. 결국 바그너가 예술의 존립을 기대하는 유일한 미래의 전망으로서 시종일관 음악과 시의 결혼을 지킬 것을 약속하는 음악사에서의 방향을 그의 마지막 심포니로써 가리키고 있다. 이러한 견해는 니체에 의해 『바그너의 경우』에서 두 개의 반어적인 호소가 명시되는 단호한 방식으로 거부되고 있다. "선율을 비방하세"(KSA Ⅵ, 25)란 바그너의 극적인 기능이 없는 선율의 포기 그리고 "음악이 원기회복에 도움을 준다는 것을 결코 용인하지 마세: 음악이 기분을 북돋운다는 것을, 음악이 즐거움을 준다는 것을 결코 용인하지 마세. 우리 결코 즐겁게 하지 마세!"를 의미한다(OD Ⅲ, 26).

위의 인용문은 기악에 대한 바그너의 부정적인 평가를 시사한다.

왜냐하면 극적인 정열이, 특히 전적으로 하이든의 심포니에 적용되는 것으로서 배제되고 있기 때문이다. 다시 말해서 이 심포니들이 일반적으로 숭고한 쾌활의 특성을 그 자체에 지니고 있기 때문이다 (WMD XI, 178).

방금 말한 것에 비하여 기악 자체의 장르로서 심포니는 니체에 의하여 지나치게 긍정적으로 평가되고 있다. 요컨대 〈바이로이트 소식지〉가 확인한 바와 같이 그의 이상은 《트리스탄과 이졸데》에서 부분적으로 실현되는 것을 보았던 '더할 나위 없는 최대의 심포니'였고, 바그너로부터 기대했던 '트리스탄'의 현실화였다.

> "바그너와 베토벤: 바그너는 무의식적으로 그 안에서 오페라의 근본악이 극복되는 예술형식을 추구했다. 말하자면 최대의 심포니: 이러한 심포니를 구성하는 주 악기들은 하나의 행위를 통해 감성화될 수 있는 노래를 소리로 나타낸다. 언어로서가 아니라, 음악으로서, 그의 음악은 놀라운 전진이다"(KSA VII, 324).

이 경우에 결정적인 단어는 '할 수 있다'이지만, 심포니는 행위를 통해 감성화될 수 있지 않으면 안 된다. 니체에게 음악은 내용만으로 충분하다. 아무튼 말과 형상은 완전히 삼켜 버리는 음악의 영향력을 부수고 그것을 약화시킨다. 이러한 말과 형상은 음악에 대한 치료제이다. 먼저 말과 형상은 우리를 음악에 가까이 이끌며, 그다음에 우리를 음악에서 보호한다.

3

시의 마력에 묶인 음악

앞 절에서와 마찬가지로 바그너는 근본사상의 체계와 가극의 기원을 『오페라와 드라마』에서 밝히고 있다. 그러나 소설과 드라마, 그리고 두운頭韻에 관한 성찰을 충분히 고려하지 않고 있다.

> "가락은 마치 감정이 오성의 시작이면서 끝이고, 신화가 역사의
> 시작이면서 끝이고, 서정시가 시가의 시작이면서 끝인 것과 같이
> 언어의 시작이면서 끝이다"(OD VI, 91).

이 인용문은 가극에 대한 바그너의 평가에 방향을 제시한다. 그것은 시작들로 거슬러 올라간다. 미래는 과거에 있다. 가락, 감정, 신화, 서정시는 가극의 기본요소를 형성한다. 바그너는 이러한 말이나 가락의 근본적인 통일을 애매한 학문적 토대로서 정당화하고자 한다. 바그너의 음악적 가극이라는 미학적 개념은 기악과 관련한 지금까지 논의해 온 것을 상기시킨다. 바그너는 오페라에 있어 순수한 음악적 예술의 형태 부여를 우위에 두는 것이 오류를 드러내는 것이라 생각한다. 이것은 결국 오페라의 극적 행위를, 따라서 종말을 의미한다. 더욱이 오페라는 기악의 음악적인 모범을 지향한다. 그 때문에 바그너에게 베토벤의 새로운 심포니 이래 시대에 뒤

진 것으로 간주된 오페라 또한 순수한 음악적 형성물로서는 미래가 없다. 바그너에게 오페라의 미래는 단지 새로운 형식의 음악과 시의 진정한 결합에만 있다. 이러한 결합은 바그너에게는 음악의 우위가 비생산적인 것으로 입증되었다. 그 때문에 이러한 결합은 시의 우위에서가 아니면 두 예술 분야의 상호침투 이상에 달려 있다.

첫째의 경우에 니체의 비판은 올바른 것으로 입증되었다. 따라서 바그너가 음악과 시의 종합을 사실 두 예술이 동등한 자격이라고 말할 수 있는 방식으로 성공적으로 실현시킬 수 있는지가 연구되지 않으면 안 된다. 이미 언급한 바와 같이『오페라와 드라마』의 제2부 "연극과 극적 예술의 본질"은 무시되고 있다. 그 때문에 니체의 이론異論과 관련하여 시와 예술의 결합이 우선한다.『오페라와 드라마』의 제2부가 드러내는 관점은 물론 바그너의 사상체계의 지속적인 진행 과정에서 경시되지 않는다. 즉 예술작품과 관찰자 간의 매체로서 감정의 강조가 경시되지 않고 있다. 바그너는 문학상의 드라마(셰익스피어, 실러)란 관찰자의 감정에 대해서가 아니라, 오성에 호소하고 있다고 비판한다.

"개성은 표현되지 않고 단지 사유되었을 뿐, 직접 이해된 감정에 설명되지 않고, 사상에만 설명될 수 있었다. 그러므로 우리의 드라마는 감정에 대한 호소가 아니고, 오성에 대한 호소였다"(OD IV, 69).

더 나아가 바그너는 다음과 같이 설명하고 있다.

"드라마에서 우리 지식인들은 감정에 의해 생성되지 않을 수 없
다. 오성은 우리에게 말한다: 우리에게 감정이 그것은 존재하지 않
을 수 없다고 말했다면 비로소 그것은 존재하지 않을 수 없다"(OD
IV, 78).

여기서 음악은 오성을 매료시키는 언어 드라마를 감정을 건드리
는 가곡으로 완성함으로써 시인을 돕는다.

"처음부터 연주되는 가락은 표현도구이다. 시인은 이 표현도구
에 의해 이해될 수밖에 없다. 시인은 오성으로부터 감정으로 방향
을 바꾸고 그 때문에 그가 오직 감정으로써만 바뀔 수 있는 토대에
놓일 수밖에 없다"(OD IV, 100).

바그너는 시로부터 가락으로 넘어가는 이행이 어떻게 일어나는
가를 강력한 소묘로 다음과 같이 기술하고 있다.

"이 시작詩作에 있어 창조적 지성의 열망은 사랑이다. 생명을 탄
생시키는 씨앗은 훌륭하고 사랑스러운 아내에게 음악을 분만의
소재로 공급하는 시적 의도이다"(OD IV, 102ff).

바그너의 예술 이해의 추상적 단계 내에서 『바그너의 경우』에 드러난 니체의 비판은 그 목표를 발견하고 있다. 바그너의 음악 사용에 대한 두 가지 평가, 즉 '암시수단과 도구'는 이론적인 사실들에 상응한다(KSA VI, 30). 시로부터 음악으로 넘어가는 이행은 유연하다. 시는 다양한 변화를 경험한다. 그러므로 시는 점차 멈추지 않고 음악이 된다. 바그너가 목표로 한 시적 의도의 전달을 오성으로부터 감정으로 현실화시키기 위해, 즉 이러한 목적을 구현하기 위해서는 그것이 감정 대신에 감명을 주지 않는 단순한 오성의 기관에 의존하는 것을 언어상의 군더더기 말로부터 제거하는 것이 필요하다(OD IV, 126).

바그너가 요구하는 감정 이해는 공명하는 두운을 통해 가능해져야 한다.

"소리에 대한 이해는 운韻을 맞춘 다른 근원적인 소리와의 피상적인 유사에 기초하지 않고 …. 모음은 그 자체가 농후한 소리와 다르지 않다"(OD IV, 127).

바그너는 전적으로 시문학 영역을 포기하고 있다. 이 변화는 바그너에게 자의恣意의 행위가 아니고, 세 가지 필연성의 귀결이다. 그것은 다음과 같다.

첫째, 유전학적으로 말해서 말과 결부된 근원적 가락으로의 환원.

둘째, 미학적으로 말해서 시적 의도의 명료화.

셋째, 바그너가 오페라와 기악의 종말을 선포한 이후 가락 자체에 대한 구제.

이러한 이행과 변화는 '시인이 정확하게 발음하고 두운을 나타내는 어근語根의 모음을, 그의 음악 소리를 용해함으로써' 형성된다. 시인은 "확실하게 가락으로 들어간다." 지금부터 음악가의 활동이 시작한다.

"음조가 된 모음 소리가 우리의 감정과 유사하다는 표현은 더 이상 언어 창작을 실현할 수 없고 오히려 작곡가를 실현할 수 있다"(OD IV, 137ff).

듣기 좋으면서 리드미컬한 노랫소리의 진행은 로시니의 절대적인 멜로디를 극복한 시인들에 의해서 확정된다. 음악가의 본래 영역은 오케스트라이다. 바그너에게 있어 오케스트라의 특별한 과제가 상세히 기술되고 있다. 그러나 음악가에게는 오케스트라도 창조적인 발전 가능성을 거의 제공하지 않는다. 왜냐하면 오케스트라도 시적인 의도에 순응하기 때문이다.

"오케스트라의 균형 잡힌 단순한 예술적 표현의 계기는 음악가

의 자의에 의해서가 아니라, 단지 시인의 의도에 의하여 결정될 뿐

이다. 이러한 사실에 주의를 기울여야 한다"(OD IV, 199ff).

바그너에게 오케스트라는 감정의 이정표로서 기능을 발휘한다.
이러한 이정표는 주도악구主導樂句, Leitmotiv로서 일컬어진 선율적인 요
소들을 형성한다(TDM, 68). 이러한 선율적인 요소들을 이해함으로써
우리는 시적 의도의 깊은 비밀을 아는 사람이 된다(OD IV, 201). 바그
너는 이 때문에 음악형식이 '그 자체에 있어' 전적으로 어떻게 생기
하는가를 다음과 같은 인용구에서 명료하게 설명한다.

"문구文句에 있어서가 아니라, 유연한 감정의 계기인 이러한 근

본계기에 있어서 감정의 수용 때문에 현실화한 것으로서 시인의

의도는 가장 이해할 만한 것이 된다"(OD IV, 201).

주도악구는 가극에서 극적 진행과 유사하게 나타난다. 주도악구
는 인물, 대상, 흥분을 이해시켜 준다. 이러한 것들은 현상의 성격들
과 그것들에 부속시킨 음악적 계기들의 표현을 결정한다. 시와 음
악의 관계는 상응한다. 음악가에게 음악적 형식은 시적 의도에 의
해 생긴다. 따라서 음악가의 활동 여지는 최소로 축소되고 확고한
윤곽 속에서 그려지는 드라마의 영역에 국한한다.

바그너는 이중적인 방식으로 시적인 의도를 따른다. 즉 하나의

방식은 아름다우리만치 시적으로 완성된 세미 뮤지컬의 성격을 가지는 형식의 대본을 통해서 따르는 방식이고, 다른 하나의 방식은 극적인 행위에 의해 지배되는 계기를 통해서 따르는 방식이다. 바그너는 이와 관련해 『오페라와 드라마』의 끄트머리에서 다음과 같이 물음을 제기한다.

"시인은 음악가와 음악가는 시인과 마주하는 데 국한해야만 하는가?"(OD IV, 205).

바그너는 시인과 음악가에게 제기한 물음에 대한 해답으로서 '자유로운 사랑'을 권고한다. 그러나 음악가의 모든 알림이 불명료하다면 감명을 주지 못한다고 주장한다. 그와 반대로 그는 그 모든 알림이 시적 의도를 포함할 경우 그로 말미암아 그것이 명료해진다고 역설한다.

간단하게 말해서 시적 의도는 음악을 지배한다. 시와 문학 간의 화해는 단지 엄숙한 주문呪文형식에서만 일어난다. 그럼에도 이 엄숙한 주문형식은 진정한 사태를 반영한다. 왜냐하면 음악은 특히 엄숙한 자기이해에 있어 헌신하는 부인에 불과하기 때문이다. 바그너는 『음악을 드라마에 적용하는 것에 관하여』라는 저서에서 이러한 평가에 대해 생애 내내 충성을 바치는 것을 명료화한다. 이 저서에서 바그너는 자기의 작곡법을 기악에서 끄집어낸 방법으로서 표현하고자 한다.

사람들은 바그너가 방식Manier으로서 비방하고 있는 심포니 악장에서 끄집어낸 구성원칙에 대한 승인에도 불구하고 음악과 극적 행위의 구분 및 연관의 법칙이 유래한다는 것을 분명하게 인식하고 있다.

최후에 『오페라와 드라마』로부터의 정신적 간격을 극미한 바그너의 소책자 제목이 증명하고 있다. 음악은 드라마에 적용된다. 음악은 목적을 위한 수단이다. 음악 쪽에서의 이러한 소극적 태도는 시와 음악 간의 화해에 의해서는 발화될 수 없다.

따라서 가령 순수음악을 창작하는 작곡가의 이상향이 니체로부터 유래하는 것으로 생각한다면 음악가 바그너에 대한 니체의 논박은 당연한 것으로 생각됨 직하다. 작곡가의 표현 요구는 단지 음악에서만 적당한 언어를 발견한다. 가극에 있어 음악이 '무대·수사법'으로서, 표현수단으로서, 몸짓 강화의 수단으로서, 암시수단으로서 쓰인다는 니체의 평가는 완전히 바그너의 구상에 상응한다. 왜냐하면 '몸짓'이라는 개념은 바그너에게 긍정적인 가치를 차지하고 그것은 그의 예술이론의 중요한 구성요소이기 때문이다. 그러나 음악연구 편에서 바그너의 이론적 창작과 그 창작에 의한 무대작품 간의 구별을 고집하는 한 지금까지의 결과는 어떤 가치들도 지니고 있지 못하다.

음악가 바그너는 자신의 미학적인 격률을 무시하고 현실적으로 (가극 무대에 있어) 드라마에 대해서보다도 음악에, 하물며 '최대의 심포니'에까지 우위를 부여했던 것 같기도 하다. 이러한 사태에 상응한다면 가극과 가극의 창시자에 대한 니체의 항변은 근거가 없다고 말할 수 있을 것이다. 왜냐하면 니체의 항변은 음악작품에 있어서는 결코 중요하지 않은 이론적, 미학적 구상과 관계하고 있을 뿐이기 때문이다.

제7장

바그너의 가극에 대한
평가의 미학적 기초

Frenemy

1

니체 철학에서의 형식과 언어

여태까지 『힘에의 의지*Der Wille zur Macht*』는 니체의 철학적 주저로 간주되었다. 이 저서에 포함된 유고들은 니체가 생전에 써 놓은 초안에 근거해서 정리해 놓은 것이다. 이 유고들은 먼저 엘리자베트 니체와 페터 가스트, 이 두 편집자의 니체 이해를 따르고 있다.

"원전의 정선精選, 즉 니체 연구에서 수십 년 동안 중대한 영향을 미친 『힘에의 의지』에 있어 '니체의 체계' 구성은 오직 철학적으로 무가치한 사람들인 하인리히 쾨젤리츠와 엘리자베트 니체의 바람 직스럽지 못한 의도에 따라 이루어졌다"(NL, 14).

카를 슐레히타Karl Schlechta가 1956년에 니체 전집을 편집한 이래 니체의 주저의 근거가 박약하다는 해석이 일반적으로 통용되었다. 그 밖에 덧붙여 말하건대 니체 자신이 1888년 늦여름에 『힘에의 의지』라는 저작의 기획을 포기하기도 했다. 오이겐 핑크Eugen Fink는 그의 저서인 『니체 철학Nietzsches Philosophie』에서 『차라투스트라는 이렇게 말했다Also sprach Zarathustra』를 그 증거로 끌어들이고 있다. 그 반면에 질 들뢰즈Gilles Deleuze는 니체의 『도덕계보학Zur Genealogie der Moral』을 그의 저서인 『니체와 철학Nietzsche und die Philosophie』의 중심점으로 내세우고 있다. 마르틴 하이데거는 『힘에의 의지』를 그의 니체 해석의 기초로서 이용했다. 그러나 하이데거의 니체 해석은 그 해석의 독립을 통해서 그리고 니체의 주저의 성립상의 문제점을 고려함으로써 자기 고유한 해석의 의미를 보유하고 있다. 그 밖에 니체는 『차라투스트라는 이렇게 말했다』를 자기의 가장 중요한 작품으로 간주했다. 그는 결코 더 잘 고무되지 못한 것 같다.

> "계시개념은 말할 수 없을 정도의 확실성과 미묘함으로써 무엇인가가 갑자기 보이고 들리며, 무엇인가가 누군가를 그 깊은 곳에서부터 흔들어 놓고 전복시킨다는 의미가 있는데, 이것은 단순히 어떤 사실을 기술하는 것에 불과하다"(KSA VI, 339).

언어적, 문체론적으로 『차라투스트라는 이렇게 말했다』는 우선 첫째가는 등급에 위치한다.

"어느 누구도 『차라투스트라는 이렇게 말했다』보다 더 새로운 기법을 사용할 만한 위치에 있었던 자가 없었고 이보다 더욱 전대미문의 예술적인 기법을 구사한 자가 없었다. 그런 기법이 바로 독일어로 가능하다는 것이 입증되어야 할 사항으로 남겨져 있었다. 나라도 예전에는 그 가능성을 가장 혹독하게 배척했었을 것이다. 나 이전에 사람들은 독일어로 무엇을 할 수 있는지 알지 못했으며 — 언어를 가지고 도대체 무엇을 할 수 있는지 알지 못했다" (KSA VI, 304).

그러나 솔직히 말해서 니체의 불가사의한 저서는 적어도 그의 철학의 간결한 표명에는 유용했다. 아직도 니체의 저술상 창작과의 대결은 니체의 초지일관하지 못한 사유를 입증시켜 주는 그의 정신적 발전의 다양한 국면들 및 시기들 간의 구별 때문에 더욱 힘들어지고 있다. 프리델E. Friedell은 니체의 저작상의 창작을 세 시기들로 나누고 있다(KN, 403).

제1시기	1869년에서 1876년까지의 시기. 이 시기는 고대문화, 바그너, 쇼펜하우어의 영향 아래 놓여 있던 시기이다.
제2시기	1876년에서 1881년까지의 시기. 이 시기는 뚜렷할 정도로 실증주의적이고 합리주의적인 시기이다.
제3시기	1881년에서 1888년까지의 시기. 이 시기는 가치전도의 시기이다.

그와 동시에 니체가 자기의 철학적 견해들을 아무런 동기 없이 무너뜨렸다는 견해는 배신자로서 바그너파에 의한 평가를 나타내고 있는 것 같다. 그러나 제1시기 동안 바그너에 대한 비판이 이미 싹트기 시작하고 있었다는 것은 분명한 것 같다. 만년의 니체의 많은 주제 범위가 이미 초기 저작 속에서 언급되기 시작했다. 그러므로 니체는 1886년에 그때까지 쓴 저작물들을 간행하면서 그 가운데 그 어떤 것도 보류할 수 없었다. 모든 것이 그에게는 중요한 것으로 간주되었다. 그때마다 책에서 쓴 새로운 머리말들은 시사하는 바가 매우 많다. 니체는 머리말에서 즉각적인 철학적 근본견해의 관점에서 그의 이전 저서들을 설명하고 주석을 달고 수정하곤 했다. 이러한 철학적 근본견해는 1886년까지, 즉 마지막까지 결정적이었고, 그 일부는 초기 저술에서 이미 언급되었다.

이것은 1886년판 『비극의 탄생』의 머리말에 따라 다음에서 간략하게 설명되고 있다. 니체의 후기 철학의 중심적인 주제들은 이미 바그너 관련 저서에 포함된다. 니체는 그 점을 알리고 있다. 그는 『비극의 탄생』에서 현존의 가치에 관한 물음표가 찍혔다는 것을 그의 '자기비판의 시도'에서 확인한다.

> "이제까지 존재한 모든 사람 중에서 가장 성공하고 가장 아름답고 가장 많은 부러움을 샀으며, 우리를 삶으로 가장 강하게 유혹하는 유형의 사람들이 그리스인들인데 — 바로 이들에게 비극이 필요했다고"(KSA I, 11).

니체는 『즐거운 학문』에서 그의 초기 입장을 상론하고 있다.

"같은 방식으로 나는 스스로 독일 음악을 마치 독일 정신의 디오니소스적 위력의 표현인 것처럼 자유로이 재해석했다. 나는 그 속에서 시대를 위해 억제당해 온 태고의 힘이 마침내 그 자신을 해방시키는 지진 ─문명이라고 지칭되는 것 이외의 일체를 걱정하지 않음에서 진동하고 있는─ 을 경험했다고 믿었던 것이다. 분명나는 당시의 철학적 염세주의에서 독일 음악에서도 그들의 본래성격 ─그들의 낭만주의─ 을 잘못 판단했다"(KSA Ⅲ, 620).

그러므로 니체는 언제나 그의 다양한 출판을 개관했고 그것들의 피상적인 모순성을 감수하기도 했다. 니체가 후기 저작을 먼저 탐구하는 것은 적법한 것으로 생각된다. 이 밖에도 니체는 350개의 항목들을 포함하는 색인들을 유고에서 나타내고 있는 바와 같이, 지금까지 그의 사유의 모든 끈을 연결 짓는 시도에 다름 아닌 힘에의 의지의 기획, 준비, 착상 등에 전념했다. 예를 들자면 유고에는 다음과 같은 것들(350개의 항목 가운데 몇 가지 항목)이 열거된다(TDM, 100).

(4) 칸트의 가치
(6) 미학
(9) 오펜바흐 음악

(15) 고상한 본능과 예술에 맞서는 소크라테스

(32) 디오니소스적: 신적인 유형을 향한 새로운 길, 나와 쇼펜하
우어 간의 시작부터의 차이

(16) 고전적: 미래의 미학

(329) 쾌와 불쾌는 부차적이다.

오이겐 핑크는 니체의 표현법을 바그너의 음악과 비교한다.

"그의 문체에는 짜릿한 정신적 전기가 충전되어 있다. 동시에
그것은 인간 심정의 온갖 비합리적인 힘에 교묘히 호소한다. 니체
의 문체는 효과를 노리고 있다. 니체가 바그너의 음악에 대하여 말
하고 있는 것이 그의 문체에도 들어맞는다. 니체의 문체에는 많은
연기, 많은 유혹과 마력이 있다. 그러나 사색이 본질적인 의미에서
시로 접근할 때에는 여러 가지 크나큰 영향이 있다"(NP, 11).

그의 수사학은 가끔 그것의 무자비, 변덕, 과장된 언동을 통해서,
특히 후기 작품에서 그 반대를 야기하고 있다.

"나는 내 주위에 한 명의 노예가 있는 것도 원하지 않네. 그래서 나
는 게으르며 꼬리를 흔드는 아첨꾼인 개도 싫어한다네"(KSA II, 704).

A와 B 사이의 허구적인 한 담소에서 B(=니체)는 다음과 같이 설명하고 있다.

"나는 천민도 대중도 모든 부류의 당파도 내 책을 읽고 싶지 않도록 쓰는 것이라네"(KSA II, 584).

무엇보다도 니체는 먼저 사유를 교사하는 잠언적이고 반체계적인 서술양식을 통해 이것을 달성하고 있다.

"올바르게 새겨 넣으며 쏟아 낸 잠언을 읽는다고 해도 해독되는 것은 아니다. 오히려 이제 비로소 그 해석이 시작되어야만 하며, 거기에는 해석의 기술이 필요하다"(KSA V, 255ff).

니체는 이 때문에 반추를 충고한다. 독자가 실제로 자기 자신의 사상을 형성하게 하도록 니체는 독자를 교사하고 독자의 회의를 일깨우고자 한다. 니체는 '진리에 대한 회의를 가르치는 교사'로서 나타나고 있다(KSA II, 645). 예컨대 제도화한 기독교와 가극에 대한 바그너의 가장 명백한 진술과 가치평가 때문에 독자는 혼란에 빠진다.
니체는 그의 솔직함(왜 나는 이처럼 좋은 책을 쓰는지), 언어상의 폭력을 통해서 그리고 그가 개인적인 평가(비제)를 도전적으로 토론하고 가장 공정한 비판의 대상으로 삼음으로써 충격을 주고 있다.

> "나는 성자이기를 원하지 않는다. 차라리 어릿광대가 되고 싶
> 다"(KSA VI, 365).

니체의 원문에 대한 해석상의 관계에서 난점은 하나의 진술이 사
인(데카당) 니체에 편입될 것인지 또는 철학자 니체에 편입될 것인지
하는 문제이다.

> "자! 나는 바그너만큼이나 이 시대의 아들이고, 한 사람의 데카당
> 이라고 말하고 싶다. 바로 이것이 내가 파악했던 것이고, 이것에 내
> 가 저항했다. 내 안에 있는 철학자가 이것에 저항했다"(KSA VI, 11).

사람들이 이러한 이반을 고려하고자 했다면 너무나도 개인적으
로 채색된 니체의 음악에 관한 진술을 고려하지 않으면 안 되었다.

> "내가 음악으로부터 진정 무엇을 바라는지 한마디 해야겠다. 나
> 는 음악이 10월의 오후처럼 청명하고 깊이 있기를 바란다. 음악이
> 개성적이고 자유분방하며 부드럽고 비열과 기품으로 가득 찬 달
> 콤한 어린 여자이기를 바란다"(KSA VI, 290).

그러나 결국 니체의 가치평가에 따른 그의 철학적 원칙에 대한
물음은 중요한 문제로서 입증되고 있다. 니체가 자기의 정신적인
논쟁의 모든 현상에 대한 태도를 바꾸고 있는 것은 일반적으로 그것

에 근거를 두고 있다. 당연히 니체는 자기의 가치평가방식을 독자들에게 전달하고 싶어 했다. 독자의 의견은 문제시되지 않는다.

"독자들에게는 상론詳論을 논리적으로 검토하고 때에 따라서 그
것에 대해 항변하는 모든 충동이 처음부터 억제되도록 조건 지어
져 있다"(RS, 127).

니체의 이러한 경향은 이 진술이 충분히 적용되는 『비극의 탄생』에 잘 드러난다. 그리고 『바그너의 경우』에서도 니체가 위트와 언어의 곡예를 통해 독자들에게 깊은 인상을 주고자 함으로써 이러한 경향이 잘 드러난다. 물론 니체는 이러한 시도에서 독자들을 겁주는 모험을 무릅쓴다. 그럼에도 니체는 그의 주제들을, 예컨대 제2 바그너 저술에서 쓰고 있는 바와 같이 전혀 가치평가 없이 강의할 수 있었다. 그러나 우리가 그의 원칙들을 ―어떻게 그가 망치를 들고 철학함을 하는가― 변호하는 것에 익숙해 있기 때문에 가치 무관심적 진술이 일반적으로 긍정적인 것으로 오해받고 있다(TDM, 102). 이러한 사태는 그것이 니체의 힘에의 의지에 따라 명시되어야 하는 것처럼 니체와의 논쟁에서 더욱더 파괴적인 결과들을 가졌고 또 가질 수 있기도 하다.

알프레트 보임러Alfred Bäumler는 「힘에의 의지」라는 그의 논문에서 니체가 본래적으로 힘에의 의지라는 말을 생각하고 있는 것보다 '더 어렵게 이해하지 않고, 다른 말로 바꾸어 쓰고자 하지 않고

있다는 것'(Rezeption, 35)을 맨 먼저 확정하고 있다. 그럼에도 보임러는 그것을 목표가 인식되지 않는 '힘의 폭발'과 '힘으로부터의 발산'과 같은 특징적 표현을 통해 표현한다. 그 때문에 그것은 '힘의 시도'(Rezeption, 36)라는 실험적 성격을 가진다. 보임러는 그가 적당한 내포를 찾았다고 믿을 때까지 니체의 힘에의 의지의 유용한 내포를 계속해서 찾고 있다.

> "니체에게 투쟁과 승리의 체험 및 개념이 어떤 가치를 지니고 있는지 고려하지 않는다면 사람들은 니체의 삶과 저서들을 이해하지 못한다"(Rezeption, 44).

보임러는 마침내 힘에의 의지를 독일적 헤라클레이토스적 의미의 투쟁으로서 적절히 이해한다.

> "투쟁은 만물의 아버지이다. 투쟁은 지배자를 지배자로, 노예를 노예로 만든다. 에페소스의 헤라클레이토스는 그렇게 말한다. 그러나 그것은 또한 원시 게르만식의 직관이기도 하다"(Rezeption, 46).

니체 자신은 진정 힘에의 의지를 구현했던 것 같다.

> "니체의 전사 기질은 오히려 그의 모든 사랑의 성격을 규정하고 있다"(Rezeption, 47).

니체의 전달방식에 의하여 야기되는 흥분감정은 사람들이 니체 철학을 수용하는 감성에 전념케 한다. 토마스 만Thomas Mann은 니체 읽기에 있어 가면, 가상, 익살을 고려할 것을 권한다.

"니체를 진실로 받아들이는 사람, 글자 그대로 받아들이는 사람, 그를 믿는 사람은 약화된다"(NPL, 47).

오이겐 핑크는 다음과 같이 말한다.

"철학자로서의 니체는 문화비평가, 신비적인 점쟁이, 자유자재로 언어를 희롱하는 예언자로서의 니체에 의하여 은폐되고 위장되어 있다. 가면이 본질을 덮어 가리고 있다. 니체의 가면에 대해서는 금세기에 종종 그 추종자가 나타나곤 했다. ― 그러나 그의 철학에 대해서는 아직도 멀리 거리를 두고 있다"(NP, 9).

그럼에도 핑크의 말과 같이 니체가 사망한 이후 상당한 기간 니체의 형상은 어떤 특이한 변화를 겪었다. 니체는 그에 관한 여러 연구 저작물에서, 특히 문화의 퇴폐에 대한 천재적인 진단자로 등장한다. 또한 니체는 사물의 배후에 숨은 의미를 탐색하는 일종의 심층심리학의 창시자로서 등장하기도 한다. 그와 동시에 그는 예술가, 자유자재로 언어를 구사하는 시인, 예언자다운 경고자로 간주되기도 한다(NP, 9).

2
니체 철학에서의 명제와 논제

1) 자기의식

『즐거운 학문』 354항에서 니체는 다음과 같이 문제를 제기하고 있다.

> "의식이 대체로 잉여적인 것이라면 도대체 무엇 때문에 그것이 존재하는 것일까?"(KSA Ⅲ, 590).

이를 위한 논거로서 다음과 같은 것이 있다.

> "요컨대 우리는 그 각각의 단어가 원래 의미하는 대로 생각하고 느끼고, 의욕하고 기억할 수 있으며, 행동할 수 있다. 그럼에도 모든 것은 우리의 인식에 들어올 ―사람들이 비유적으로 말하는 것처럼― 필요가 없다"(KSA Ⅲ, 590).

근본적으로 삶은 인간을 규정하는 모든 내적 자극이 거의 이러한 반영 없이 일어나기 때문에 또한 의식 없이 사유할 수 있다. 니체는 의식이란 오직 전달할 필요에서만 오는 압력에 의해 발전된다고 순전히 실용적으로만 설명하고 있다. 알리고 싶은 인간은 무의식의 고뇌로부터 자유로워졌다. 그러나 인간은 동시에 전달수단인 언어의 노예가 되었다.

> "왜냐하면 모든 생명체처럼 인간은 항상 생각하지만, 그것을 알지 못하기 때문이다. 의식된 생각은 그중에서 가장 미미한 부분에 불과하다. 심지어 우리는 그것이 가장 피상적이고 조악한 부분이라고 말하고자 한다. ─ 왜냐하면 이 의식된 생각은 오로지 언어, 즉 전달의 기호 속에서만 이루어지기 때문이다. 여기에서 의식의 기원이 드러난다. 한마디로 말해 언어의 발전과 의식의 발전은(이성이 아니라, 단지 이성이 인식된 것) 나란히 함께 이루어진다"(KSA III, 592).

자신의 필요를 표현하기 위해 언어와 더불어 동시에 생긴 자기의식은 니체에게 공동체와 무리를 위한 유용성을 나타낸다. 그것은 본래 인간의 개인적 실존에 속하는 것이 아니라, 오히려 언어에 의하여 규정되는 인간이라는 '사회적 동물'의 '무리의 관점'에 속한다 (KSA III, 592).

> "우리는 필연적으로 우리 자신에게 이방인이다. 우리는 우리 자신을 이해하지 못하며 오해하고 혼동하지 않을 수 없다. '모든 사람은 자기 자신에 대해 가장 먼 존재이다'라는 명제는 우리에게 영원히 의미를 지닌다. ─ 우리 자신에게 우리는 '인식하는 자'가 아

니다 …"(KSA V, 244ff).

2) 외적 세계에 대한 감지

니체에 의하면 인간은 어차피 외적 세계를 의심스러운 표준에 의해 해석하는 방식으로 감지한다.

> "삶은 논증이 아니다. — 우리는 우리가 살 수 있는 세계를 우리 스스로 생각해 왔다. 물체, 선線, 면面, 원인과 결과, 운동과 정지, 형식과 내용 등과 같은 믿음의 조항들 없이는 이제 아무도 살아갈 수 없게 되었다! 그러나 이것들로 증명된 것은 아무것도 없다. 삶은 논증이 아니다. 삶의 조건 중에는 오류도 있을 수 있다"(KSA III, 477).

인간의 언어 제약적 의식에서만 현존하는 이 공공연한 가상세계가 작용할 수 있다는 것, 즉 이 가상세계가 학문을 가능케 한다는 것은 반론이 아니다. 항구적이지만, 거짓된 위대는 학문의 결론이란 상호관계 속에서 완전한 엄밀성과 확실성을 획득한다는 것을 야기할 수 있다(KSA II, 40).

그러나 이미 '수의 법칙의 발견'은 "몇 개의 동일한 사물이 있으며 (그러나 동일한 사물은 존재하지 않는다), 적어도 사물이 존재한다(그러나 사실 사물은 없다)란 근본적으로 이미 세계에 널리 퍼져 있는 오류에 근거하여 성립되었다"(KSA II, 40). 그러나 오류와 거짓은 삶의 조건이다. 그러므로 니체는 다음과 같이 주장한다.

"가장 그릇된 판단 ―선험적 종합판단이 이러한 그릇된 판단에 속한다― 이 우리에게 가장 필요불가결한 것이며, 논리적 허구에 대한 승인 없이는 순수하게 고안된 절대자·자기 동일자의 세계를 근거로 현실을 측정하지 않고는, 수에 의해 세계를 부단히 위조하지 않고는 인간은 살 수 없을 것이다. ― 그릇된 판단을 포기하는 것은 삶을 포기하는 것이며, 삶을 부정하는 것이다"(KSA V, 18).

니체는 그가 '인간의 근본적인 오류'라고 일컫는 '그릇된 판단' 자체의 정체를 폭로하고자 하고 있다(KSA II, 40). 니체는 인과관계를 인간 사유의 본질적인 원칙으로 간주한다. 또한 여기서 니체는 '위의 사실에 대한 심리적 설명'을 전달할 수 있다고 믿고 있다. 인과관계의 세 가지 변화들과 '자유의지라는 오류'로 이루어져 있는 '네 가지 중대한 오류'들이라는 제목의 장에서 니체는 '원인을 만들어 내는 충동이 공포감정에 의하여 규정된다는 오류'에 관해 기술한다.

"알려지지 않은 어떤 것을 알려진 어떤 것으로 환원하는 것은 마음을 편안하게 해 주고, 마음을 진정시켜 주며, 마음을 만족시켜 주고, 그 밖에도 힘의 감정을 느끼게 한다. 알려지지 않은 것에는 위험, 불안정, 걱정이 수반된다. ― 첫 번째 본능은 이런 괴로운 상태들을 제거하면서 사라져 간다"(KSA VI, 93).

이때 사람들은 니체가 인간의 인식충동으로 돌리는 동기들 가운데 하나, 즉 알려지지 않은 것 앞에서의 공포를 만난다. 그 외에도 '세계 해석과 세계 정리' 또는 '세계 지배'(KSA V, 28)는 '힘의 감정'에 의해 동반되고, 따라서 힘에의 의지의 형식에 의해 동반된다. 인간의 사유구조를 통한 외적 세계에 대한 해석상의 채굴이 있다.

> "생명 그 자체는 본질적으로 이질적이고 좀 더 약한 것을 자기화하며, 침해하고, 제압하고, 억압하는 것이며 냉혹한 것이고, 자기 자신의 형식을 강요하며, 동화시키는 것이며, 가장 부드럽게 말한다 해도 적어도 착취이다. 그러나 무엇 때문에 우리는 언제나 옛날부터 비방의 의도가 새겨진 바로 그와 같은 말을 사용해야만 하는가?"(KSA V, 207).

그러나 인간은 본질적으로 자기의식과 외적 세계를 함께 포함하는 자기의 현존 해석에 있어 의미와 가치를 추구한다. 상술한 바와 같이 니체는 인간을 의미와 가치를 창조하는 자로서 정의하고 있다. 이것은 지금 명료화될 수 있다. 인식에서, 즉 그것이 목표, 목적, 또는 원인으로서든 아니든 간에 의미의 창출을 통해서 신중하지 못한 것 앞에서의 공포는 추방되고 동시에 낯선 것에 대한 재앙으로서 인식에서의 쾌감이 활성화된다(TDM, 108).

니체는 '무엇 때문에 학자와 철학자의 본령인 인식이 쾌감과 결부된 것인지' 그 세 가지 근거들을 진술한다.

"첫째, 무엇보다도 먼저 그때 사람은 자기의 힘을 알기 때문이다. 관중 없이도 즐거운 것이 그와 똑같은 근거에서이다. 둘째, 사람들은 인식의 과정에서 과거의 표상들과 그 옹호자들을 능가하여 승리자가 될 거라고 믿기 때문이다. 셋째, 우리는 아주 보잘것없는 새로운 인식을 통해서도 자신을 모든 것 위에 있는 숭고한 사람으로 느끼고, 이 점에서 올바른 것을 알고 있는 유일한 사람으로 느끼기 때문이다"(KSA II, 210).

그러나 무엇보다도 사유에 의해 의미를 창출하는 세계 해설은 힘에의 결정적인 작용방식의 징후이다.

"그러나 모든 목적, 모든 효용성이란 하나의 힘에의 의지가 좀 더 힘이 약한 것을 지배하게 되고, 그 약한 것에 그 스스로 어떤 기능의 의미를 새겼다는 표시에 불과하다"(KSA V, 314).

그러나 니체가 가정하고 있는 바와 같이 힘에의 의지를 통한 의미의 정립과 규정은 인간의 인식충동으로 간주될 뿐만 아니라, 유기체적 세계에 있어서의 원칙이기도 하다. 동시에 의미의 이른 규정들은 새로이 형성될 수 있었다(TDM, 109). 따라서 힘에의 의지는 다음과 같은 사실에서 드러나고 있다.

"유기체적 세계의 모든 제압이고 하나의 지배이며, 다시금 모든 제압과 지배는 지금까지의 '의미'와 '목적'이 필연적으로 불분명하게 되거나 완전히 지워져야만 하는 새로운 해석이자 정돈이다"(KSA V, 314).

질 들뢰즈는 단순한 명제로 그의 저서를 시작한다.

"니체의 가장 일반적인 기획은 철학에 의미와 가치의 개념을 도입하는 데 있다"(NUP, 5).

들뢰즈에 의해 지금까지 해석한 것이 의미심장한 방식으로 다음과 같이 요약된다.

"현상과 본질의 형이상학적 이원성의, 즉 원인과 결과의 관계 자리에 니체는 현상과 의미의 상관관계를 설정하고 있다"(NUP, 313).

그러므로 니체에게 '현존재의 관점적 성격'은 외적 세계에 대한 주관적 '해석', 즉 모든 '인식'의 기초이다(KSA III, 626). 칸트와는 반대로 니체는 그의 인식의 가정에 커다란 개연성을 용인하고 있다. 왜냐하면 인간의 지성은 이러한 분석에 있어 자신의 관점의 형식들하에서 오로지 그 안에서만 자기 자신을 바라볼 수밖에 없기 때문이다 (KSA III, 626).

3) 실재적 세계

니체는 인간이란 분별없고 진지함이 결여된 의식 아래의 충동에 의해 지배되고 ―아무튼 인간들에 의해 해석될 수 있지만― 조종될 수 없다는 입장에 대해 다소 긍정적으로 동의한다.

> "어떤 사람이 아무리 폭넓게 자신을 인식하고자 하더라도 그의 본질을 구성하는 충동들 전체를 인식하는 것보다 더 불완전한 것은 없다. 보다 거친 충동들 전체의 이름은 거의 댈 수도 없으며, 그것들의 수와 강도, 그것들의 증강과 감소, 그것들 상호 간의 작용과 반작용, 무엇보다도 그것들에 영양이 공급되는 법칙은 전혀 알려지지 않았다"(KSA Ⅲ, 111).

따라서 니체는 충동들이 키워지는 것은 우연에 의한 것이고, 매일 겪는 우리의 체험은 어떤 때는 이 충동에, 어떤 때는 저 충동에 먹이를 던지며, 이 충동들은 이 먹이들을 탐욕스럽게 붙잡는다고 말한다(KSA Ⅲ, 111). 니체에 의하면 우연이 곧 충동의 동요를 결정한다.

> "의식은 알려지지 않았고 아마 알려질 수 없는, 그러나 느껴지고 있는 원문에 대해 다소 환상적인 주석일 수 있다"(KSA Ⅲ, 113).

니체는 "우리의 욕망과 정열의 세계 외에 현실로 주어진 것이 아무엇도 없다"라고 가정한다.

> "우리가 바로 자신의 충동의 현실에 다가가는 것 외에 다른 현실로 내려가거나 올라갈 수 없다고 가정한다면 ―왜냐하면 사유란 이러한 충동들 상호 간의 태도일 뿐이기 때문이다― 시험 삼아 다음과 같은 질문이 허용되는 것은 아닌가? 즉 이 주어진 것은 그러한 종류 중에서 이른바 기계론적(물질적) 세계를 이해하는 데 충분한 것이 아닌가? … 나는 정서 자체가 가지고 있는 것과 똑같은 현실성의 단계를 ― 그 안에서 모든 것이 여전히 강력한 통일체로 결정되어 있고, 그다음에 유기적 과정을 거치면서 나뉘고 형성되는 정서의 세계의 좀 더 원초적인 형태를(또한 당연하게도 허약해지고 쇠약해지기도 한다), 즉 아직 모든 유기적인 기능이 자기조절, 동화, 영양, 섭취, 배설, 신진대사 등과 종합적으로 상호결합된 일종의 충동적인 삶을 생각하고 있다"(KSA V, 54).

이것이 생명의 초기 형태이다. 결국 이러한 시도를 하는 것이 허용될 뿐 아니라, 이는 방법의 양심에서 주어진다. 단 하나의 인과성으로 충족시키려는 시도가 극한까지 추동되지 않을 때는 여러 종류의 인과성을 가정해서는 안 된다(KSA V, 55). 이것은 오늘날 사람들이 멀리하면 안 되는 방법의 도덕이다.

정말로 우리가 의지를 작용하는 것으로 인정하고 의지의 인과성을 믿는 것은 중요한 문제이다. 우리가 그것을 인정한다면, 또 근본적으로 그것에 대한 믿음이 단지 인과성 자체에 대한 우리의 믿음일 뿐이라면 우리는 의지의 인과성을 유일한 인과성으로 가정해야만 한다. 물론 의지는 의지에 대해서만 작용할 수 있다. 물질에는 작용할 수 없다. 과감하게 '작용'이 인정되는 곳에서는 어디에서나 의지가 의지에 대해 작용한다.

> "마침내 우리의 총체적인 충동의 삶을 한 의지의 근본형태가 —나의 명제에 따르면 힘에의 의지가— 형성되고 분화된 것으로 설명하게 된다면, 또 우리가 유기적 기능을 모두 이러한 힘에의 의지로 환원할 수 있고 그 힘에의 의지 안에서 생식과 영양섭취 문제를 해결하는 방안도 찾아낸다면 작용하는 모든 힘을 명백하게 힘에의 의지로 규정할 수 있는 권리를 얻을 수 있을 것이다. 그 내부에서 보인 세계, 그 예지적 성격을 향해 규정되고 명명된 세계 — 이는 바로 힘에의 의지이며, 그 밖의 아무것도 아니다"(KSA V, 55).

충동의 투쟁은 니체가 표현하고 있는 바와 같이 압도적인 것, 위엄, 의미와 목적 설정으로서 규정된다. 니체에 의하면 인간의 관점에서만 두드러진 것으로서 나타나는 물질적 세계는 실제로 '생성의 바다'이다.

> "실제로 우리 앞에는 연속이 있을 뿐이며, 이로부터 우리는 몇 가지 것을 분리한다"(KSA Ⅲ, 473).

이것은 이성의 성과인 데 반해서, 감각 저편에서만 인지된다.

> "이성은 우리가 감각의 증거를 변조하게 하는 원인이다. 감각이 생성, 소멸, 변화를 보여 주는 한, 감각은 거짓말을 하지 않는다. … 그러나 존재가 공허한 허구에 불과한 한 헤라클레이토스는 영원히 옳다"(KSA VI, 75).

4) 진리와 객관성

니체에게 인식의 진리는 없다. 왜냐하면 인식의 진리란 인간이 만드는 전제들에 의존하기 때문이다.

> "만물은 생성해 왔다. 절대적인 진리가 없는 것과 마찬가지로 영원한 사실들도 없다"(KSA II, 25).

그럼에도 가령 학문, 철학, 종교가 진리에 대한 요구로서 나타난다면 니체는 거기에서 형이상학적 신앙뿐 아니라, 삶에 적대적인 파괴의 원천으로서 '진리에의 의지'까지도 보고 있다. 그것은 숨겨진 죽음에의 의지일 수 있는 것이다(KSA V, 576).

니체에 의하면 '우리들의 세계', 즉 감각적, 관점주의적 경험과 생성되는 인식의 세계는 경시되고 있다.

이렇게 하여 왜 학문이 존재하느냐는 물음은 도덕의 문제로 환원

된다. 삶, 자연, 역사가 비도덕적이라면 도대체 왜 도덕이 존재하는가? 저 과감하고 궁극적인 의미에서의 성실한 인간, 학문에 대한 신앙이 전제하고 있는 성실한 인간이 바로 이를 통해 삶과 자연과 역사의 세계와는 다른 하나의 세계를 긍정하려 한다는 것에는 의심의 여지가 없다. 그리고 그가 '다른 세계'를 긍정하려 하는 한에선 어떨까? 그는 그 반대의 것, 이 세계, 우리들의 세계를 부정해야만 하는 것은 아닐까? 감각적으로 받아들일 수 있는 세계의 배후에서 진정하고, 따라서 더욱 좋고 영속적인 세계를 추구하는 사람을 니체는 '배후세계를 믿는 사람들'이라는 개념으로 특징짓고 있다. 니체는 아침 햇빛 속을 걷는 저 사람들에게 다음과 같이 말한다.

> "만일 우리가 궤변을 일삼는 형이상학자와 배후세계를 믿는 자들의 말을 듣는다면, 우리와 같은 다른 부류의 사람들은 자신이 '가난한 정신의 소유자'라고 느낄 것이다. 그러나 봄과 가을, 겨울과 여름의 변화가 있는 천국은 우리의 것이며, 차갑고 끝없는 잿빛 안개와 그림자가 있는 곳은 그들의 것이라는 것도 느낄 것이다. ― 아침 햇빛 속을 거닐던 한 사람이 이와 같이 자신에게 말했다"(KSA II, 386).

니체가 여기서 변화하는 사계절을 은유로 말하는 것은 그에게 적합한 관점의 변화에 의해 두드러지게 나타난 사물들을 바라보는 조망방식이다. 나중에 니체는 이를 위해서 명백한 언어를 발견한다.

사람들이 경직된 의지의 시각으로부터 진리로 이르는 길을 고찰하는 대신에, 가령 다양한 관점에 근거하여 사물을 보게 된다면 사물들에 더 가까이 갈 수 있다. 이것이 진리에 관한 문제라면 그 경우에 바로 물음을 물을 수 없는 정서문제, 즉 감정의 과제이다.

"오직 관점주의적으로 보는 것만이, 오직 관점주의적인 인식만이 존재한다. 우리가 한 사태에 대해 좀 더 많은 정서로 하여금 말하게 하면 할수록, 우리가 그와 같은 사태에 대해 좀 더 많은 눈이나 다양한 눈을 맞추면 맞출수록 이러한 사태에 대한 우리의 '개념'이나 '객관성'은 더욱 완벽해질 것이다"(KSA V, 365).

그러므로 니체는 '철학에서의 독단화'를 저지한다(KSA V, 11). 왜냐하면 그 독단화에 의하여 '모든 생명의 근본조건인 관점주의적인 것'이 비방되기 때문이다(KSA V, 12). 니체는 다음과 같은 물음으로 반격을 가한다.

"여기서 우리에게 질문을 던지는 사람은 도대체 누구인가? 우리 안에서 무엇이 도대체 진리를 향해 의욕하고 있는 것일까?"(KSA V, 15).

누가 가치들을 창조하는가? 마침내 사람들은 니체 철학의 본질적이고 특징적인 영역 속으로 나아간다. 질 들뢰즈는 종교적이고 철학적인 진리들에 대한 물음을 다음과 같은 물음으로 일컫는다.

"이것을 말하고 저것을 사유하거나 감성적으로 경험하는 그는
무엇을 바라는가? 니체의 '극화의 방식'"(NUP, 86).

왜냐하면 들뢰즈는 다음과 같은 것을 확정하고 있기 때문이다.
하나의 의지가 의지하는 것 ― 그것은 상응하는 사상事象의 최후의
잠재적 내용이다. 개념, 즉 써진 것 또는 말하여진 것은 의지의 징후
이다(NUP, 86).

니체는 이 물음에 대해 진리의 가치가 단지 도덕적인 것으로서만
탐구될 수 있으므로 관습과 도덕에 관한 고찰 내에서만 답하고자 한
다. 왜냐하면 인식에서 기준으로서의 진리는, 즉 오직 하나의 관점
만을 주장하는 것은 오히려 방해되기 때문이다. 하이데거에 따르면
'니체가 의미하는 진리는 일정한 관점에서 삶이 확정되고 유지되는
줄곧 고정되는 외관'을 지니고 있다. 이러한 고정에 의해 '삶의 정지
가 야기되고, 따라서 삶의 저해와 파괴'가 야기된다(HN I, 249). 그러
나 독단적이고 관점주의적인 진리들은 물성物性, 정체성, 인과성 등
과 같은 그 진리들의 명제들로써 고착되고, 다른 하나의 관점들은
도덕에 의해서 거짓말이라는 응고된 것으로서 평가절하된다.

결국 니체는 다원적이고 관점주의적인 진리에 대한 그의 요구를
실현하고자 하고 있다. 이것은 한편으로는 사물들에 대한 은유적이
고 변화가 많은, 다양하고 강렬한 조명에 의해 일어나고, 다른 한편
으로는 『바그너의 경우』가 명시하고 있는 바와 같이 정열과 너무나
도 인간적인 것의 발언권에 의하여 일어난다. 그러나 니체는 자기의

철학함을 기존의 관점들에 가한 비판으로서 이해한다. 그는 관점들을 통해서 길을 고르는 새로운 진리들을 희망한다. 이때 니체는 확실히 가차 없고 독단적이다. 왜냐하면 그는 인간이란 낙타에서 사자를 거쳐 어린아이로 발전하기를 원하기 때문이다(KSA IV, 29ff).

5) 윤리적인 문제

특히 니체의 비판은 인간의 행위를 규정하는 현존재의 해석, 관습, 그리고 도덕에 적용되고 있다. 서양의 기독교적 윤리의 토대로서 '자유의지'라는 오류와 '인간의 평등'이라는 도그마는 두 가지 근본오류이다. 이 두 가지 오류는 무의식의 내적 세계와 생성된 외적 세계에 대한 인식을 핵심으로 삼는 니체의 인식론적 실마리로 소급한다. 말하자면 인간이 자유롭게 행위할 수 없다는 점이 니체에게는 인간이 무의식적 충동들에 의하여 지배되지 않기 때문에 명백하다. "그대의 행위는 (그대가 행하는 것이 아니라) 행해진다! 매 순간 말이다"(KSA III, 115).

니체는 인간의 자유로운 행위의 기구를 심리적인 예지로써 밝히고 있다. 맨 먼저 사람들은 '어떤 행위의 결과가 압도적으로 더 유리하다고 확신하도록' 하기 위해 행위를 철두철미 동기에 의해 결정한다(KSA III, 118).

"그러나 마침내 우리가 행동하는 그 순간에 우리는 여기서 언급된 종류의 동기, 즉 '결과들에 대한 상의'와는 다른 종류의 동기들에 의해 매우 자주 규정된다. 이 경우 작용하는 것은 우리가 힘을 사용하는 습관적인 방식이나 우리가 두려워하거나 존경하거나 사랑하는 어떤 사람에 의한 약간의 자극이다. 혹은 손쉬운 것을 택하는 안일함이나 결정적인 순간에 직접적이고 가장 사소한 사건에 의해 야기된 상상력의 흥분이 작용한다. 전혀 예측할 수 없는 방식으로 나타나는 육체적인 변화가 영향을 미치고 기분과 어떤 감정의 분출이 영향을 미친다. 결과는 명백하다"(KSA Ⅲ, 119).

"누구도 자신의 행동과 본질에 대해서는 책임이 없다. 이는 판단한다는 것이 불공평하다는 말과 같다"(KSA Ⅱ, 64).

인간의 정신적 동등을 부정함으로써, 한편으로는 자유정신, 고귀한 자, 지배자에게 있어, 다른 한편으로는 축군畜群 본능, 노예의 본능에 있어 도덕 외적으로 범주화함으로써 니체는 '이 지상에서 수천 년간 지속되는 무서운 싸움을 해 왔던' 도덕적 가치들에 대해 고찰할 만한 분석을 계획한다. 더욱이 니체는 도덕을 두 가지 근본유형으로 나눈다.

"주인도덕과 노예도덕이 있다. 내가 여기에 덧붙이려는 것은 바로 고도로 혼합된 모든 문화에서는 모두 이 두 가지 도덕을 조정하려는 시도가 나타나고 있으며, 또 종종 그 두 가지가 뒤섞이거나 서로 오해하는 것도 보이며, 때로는 —심지어는 같은 인간 안에서나 하나의 영혼 안에서조차— 그것들이 굳게 병존한다"(KSA V, 208).

니체는 이 두 가지 도덕이 사회적 지위로부터 독립해서, 즉 개인적으로 사회적 지위를 가지고 있는 자들로부터 독립해서, 말하자면 주인에게조차 갑자기 노예도덕이 나타날 수도 있다는 점을 분명히 한다. 니체는 주인도덕을 고귀한 인간에게 귀속시킨다.

"고귀한 부류의 인간은 스스로 가치를 결정하는 자라고 느낀다. 그에게는 타인에게 인정받는 것이 필요하지 않다. 그는 '나에게 해로운 것은 그 자체로 해로운 것'이라고 판단한다. 대체로 그는 자신을 사물에 처음으로 명예를 부여하는 사람으로 알고 있다. 그는 가치를 창조하는 자이다"(KSA V, 209).

이에 상응하는 것으로 다음과 같은 문장이 따라 나오고 있다.

"겁쟁이, 불안해하는 자, 소심한 자, 편협한 이익만을 생각하는 자는 고귀한 자들에 의해 경멸당한다"(KSA V, 209).

이러한 고귀한 자들은, 불안해하는 자들과 소심한 자들을 악함에 속하는 것이 아니라, '나쁨'과 '경멸'에 속하는 것으로 분류했다. 오히려 '선한 것'과 '악한 것' 간의 대립은 불신한 자의 유용성의 도덕에 의해 고안된 것이다.

> "노예의 도덕은 본질적으로 유용성의 도덕이다. 여기에는 선과
> 악의 저 유명한 대립을 발생시키는 발생지가 있다. ― 즉 힘과 위
> 험, 경멸을 일으키지 않는 일종의 공포, 정교함, 강함이 악에 포함
> 된 것이라고 느끼게 된다"(KSA V, 211).

그러므로 비천한 인간은 '나쁜'이라는 속성을 이용해 고귀한 자들
의 덕들을 평가절하했다.

> "노예의 시선은 강한 자의 덕에 증오를 품는다. 그는 회의와 불
> 신에 가득 차 있으며, 거기서 존중되는 모든 선을 정교하게 불신한
> 다. ― 그는 그곳에서 행복 자체란 진정한 행복이 아니라고 자신을
> 설득하고 싶어 한다"(KSA V, 211).

고귀한 사람들의 성품을 깊은 질투심으로 바라보는 이러한 사시
안적인 인간들은 스스로를 학대할 수 있는 개 같은 인간이 가지는
원한감정을 야기한다(KSA V, 209).

그럼에도 오직 니체에 의해서만 이러한 가라앉기 어려운 원한감
정이 창조적으로 될 수 있고, 주인도덕에 상반되는 곳을 지향하고
이상을 향한 자신의 무능을 표현하는 가치들을 설정한다.

"도덕에서의 노예 반란은 원한 자체가 창조적으로 되고 가치를 낳게 될 때 시작된다. 이 원한은 실제적인 반응, 행위에 의한 반응을 포기하고, 오로지 상상의 복수를 통해서만 스스로 해가 없는 존재라고 여기는 사람들의 원한이다. 고귀한 모든 도덕이 자기 자신을 의기양양하게 긍정하는 것에서 생겨나는 것이라면 노예도덕은 처음부터 밖에 있는 것, 다른 것, 자기가 아닌 것을 부정한다. 그리고 이러한 부정이야말로 노예도덕의 창조적 행위이다"(KSA V, 270).

결국 노예도덕은 반주인적인 가치들을 수반한 정신적인 복수행위를 통해 우위를 점했다. 고귀하고 강력한 자들의 사악한 자, 잔인한 자, 탐욕스러운 자, 무신론자로의 가치전도는 기독교적이고 금욕주의적인 이상의 확정에 의해 일어난다. 니체에게 금욕주의적 이상은 원한을 통해 제약한 로마제국의 몰락과 함께 역사적으로 실현된 주인도덕의 노예도덕으로의 가치전도에 이용된 도구이다(TDM, 117). 따라서 금욕주의에서는 노예의 비등한 삶이 필연적이면서 유독 의미심장한 것으로서, 즉 이상으로서 이해되고 있다. 우리의 삶에 대한 가치평가가 중요하다.

"여기에는 비할 바 없는 원한이, 즉 삶에서 어떤 것을 지배하고 싶어서가 아니라, 삶 자체에 대한 가장 깊고 강력하며 근본적인 조건들을 지배하고 싶어 하는 탐욕스러운 본능과 힘에의 의지의 원한이 지배하고 있다"(KSA V, 363).

특히 원한은 단지 부정과 반작용에 있어서만 창조적으로 될 수 있을 뿐이다. 그것의 행위는 근본적으로 반작용이다.

> "그러한 신앙 때문에 존경할 만한 저 철학자들의 절제, 마침내
> 는 부정도, 긍정도 똑같이 엄하게 금지하게 되는 저 지성의 스토아
> 주의, 어리석은 사실 앞에 있고자 하는 저 의욕, 오늘날 프랑스 과
> 학이 독일의 과학에 대해 일종의 도덕적 우월성을 찾고 있는 저 작
> 은 사실의 숙명론(내가 명명하기로는 이 작은 사실주의) 해석 일반에
> 대한(폭력의 수정, 생략, 변조, 날조, 위조, 그 밖의 모든 해석의 본질에 속
> 하는 것에 대한) 저 단념, 이것은 대체로 어떤 관능을 부정하는 것과
> 마찬가지로 덕의 금욕주의를 아주 잘 표현하고 있다"(KSA V, 400).

진리를 향한 무조건적인 의지란 금욕주의적 자체에 대한 신앙이다. 형이상학적 가치, 진리의 가치 그 자체가 신앙이며, 이 가치는 저 이상 속에서 보증되고 확인된다. 그러므로 진리의 가치는 단지 금욕주의적인 이상에 의해서만 보증되고 널리 퍼뜨려졌다.

6) 예술문제

인간의 경험과 행위의 영역으로서 예술은 니체에 의해 형이상학, 도덕, 종교와 같은 근본적인 비판을 경험하지 못한다. 비록 바그너의 가극과 같은 일정한 예술현상이 수용하지 않는다고 하더라도, 예

술은 인간에게 그 본질과 필연성에 있어 니체에 의해 근본적으로 문제 제기되지 않는다. 그러므로 니체에게는 다음과 같은 것이 중요시된다.

"예술은 삶에 대한 위대한 자극제이다. 그런데 그것을 어떻게 목적이나 목표가 없다거나 예술을 위한 예술이라고 이해할 수 있단 말인가?"(KSA VI, 127).

니체는 이미 『비극의 탄생』에서 예술을 삶을 진흥시키는 것으로서 목가적(환상적이고 어리석은 노닥거림에 불과한) 현실에 대한 쾌적한 즐거움에 의해서는 생기지 않는 형이상학적 위안으로서 찬미한다 (KSA I, 56).

비극은 관찰자를 도와 향락적 현실과 유리된 환담의 시간을 얻을 수 있도록 하지 못하지만, '디오니소스적 예술'은 우리에게 현존의 영원한 즐거움을 확인시키려 한다(KSA I, 109).

쇼펜하우어의 관점에서 볼 때 니체는 예술을 유일한 정당성으로서, 즉 삶의 유일한 의미로서 간주한다. 니체는 현존과 세계가 오로지 하나의 미적 현상으로서만 정당화되어 나타난다는 것을 확인하고 있었다.

"오직 예술만이 실존의 공포와 불합리에 관한 저 구역질 나는 생각들을 그것과 더불어 살 수 있는 표상들로 변화시킬 수 있다.

이 표상들이 공포들을 예술적으로 통제할 경우 숭고한 것이고, 불합리의 구역질로부터 예술적으로 해방할 경우 희극적인 것이다"(KSA I, 57).

그런 점에서 니체는 그리스비극을 삶에서의 자극과 마찬가지로 이해한다. '비극은 심오한 염세주의적 세계관'이라는 명제는 니체에 의하여 부정되었다. 근원에 대한 인식의 수단으로서 또는 쇼펜하우어가 그것을 음악에 귀속시킨 바와 같이 세계의지의 직접적인 표명으로서 예술은 니체에게는 완전히 의미를 상실했다. '존재하는 모든 것은 하나라는 근본인식으로서 비극의 신비스러운 가르침'이 니체에 의하여 예술을 통한 '형이상학적 위안'으로의 요구와 함께 표기되었다. 결국 니체는 "차안此岸의 현세적 위로의 예술을 요구했다"(KSA I, 22).

'차안의 현세적 위로의 예술'은 배후세계를 추구하는 형이상학 없이, 차안을 부정함이 없이, 그리고 근원을 발견하고자 함이 없이 삶에 의미를 부여할 수 있다. 『비극의 탄생』 이래 우선 니체가 확정한 바로서, 삶에의 자극제로써 요약·기술될 수 있는 가치 기준의 테두리 안에서 이상적인 예술의 근본적인 전제는 창조적인 예술가이다. 더욱이 예술가는 니체의 후기 작품에서 가치 설정의 첫 자리에 올라 있지는 않지만, '고귀한 인간'으로 고려될 수는 있다.

니체는 예술가를 '순간을 사는 인간이며, 열광하며 관능적이고 어린아이 같고 불신과 신뢰에서 경솔하고 당돌한 것으로' 표현하고 있다(KSA V, 223ff). 예술가들은 그들의 작품을 통해 기억 속에 남는다.

> "작품, 예술가나 철학자의 작품은 그것을 창조했고 또 창조했다
> 고 하는 자를 창작해 낸다"(KSA V, 223ff).

바그너의 가극에 있어 가치 지평으로서 이상적 예술에 대한 니체의 요구를 나타내는 표현은 예술작품의 개별적인 구성요소를 통해 시작한다. 더욱이 다음에서 그의 유고가 의미를 지니고 있다는 점에 대해 먼저 설명할 필요가 있을 것 같다. 왜냐하면 니체가 자주적인 미학을 저작하지 않고, 오히려 예술에서의 가치 지평을 자신의 글들에서 간략하게 빛나도록 했기 때문이다. 예술은 음악과 동일시된다. 이것은 첫째, 건축, 문학, 음악 이외에 어떤 예술 분야로도 지향하지 않는 니체의 의향과 일치한다. 둘째, 니체의 이상적 음악에 대한 별도의 표현이 이 방법으로 제외될 수 있다. 예술작품의 성질과 그것의 적당한 수용에 대한 니체의 진술들은 니체의 철학에 따라 총괄되고 해석되며 논평된다.

제8장

이상적인 예술작품

1
|
형식

   니체에게 형식은 예술작품을 구성하는 가장 중요한 요소들 가운데 하나다. 『바그너의 경우』에서 충분히 명시되고 있는 바와 같이 바그너의 가극에 대한 니체의 가장 중요한 반론은 바그너의 가극에 독립적인 음악적 형상화가 결여되어 있다는 점이다. 니체가 예술작품의 기본 조건으로서 형식을 우대해야 한다고 주장하는 데에는 많은 근거가 있다.

   "우선 문예혁명―행위, 장소, 시간의 통일이라는 관점에서, 그리고 문체―시구, 문장의 구성, 단어와 사상의 선택의 관점에서 프랑스의 극작가들이 덧붙여 놓은 엄격한 억압은 근대음악 발전에서의 대위법과 푸가의 훈련이나 그리스의 웅변술에서의 고르기아스의 비유만큼 중요한 하나의 학습이었다. 이렇게 자신을 구속하는 것이 불합리하게 보일 수도 있다. 그럼에도 자연화에서 벗어나기 위해서는 신을 가장 강하게 제한하는 것 외에 다른 수단이 없다"(KSA II, 181).

다른 문장에서 니체는 이탈리아인들 덕분에 기꺼이 참을 수 있게 된 정열이라는 무대 위의 부자연스러움에 관해 말한다.

"이러한 자연으로부터의 일탈은 아마도 인간의 긍지를 북돋우는 가장 편안한 식사일 것이다. 바로 이 때문에 인간은 고상하고 영웅적인 부자연스러움이자 인위적인 관습의 표현으로서 예술을 사랑한다"(KSA III, 435ff).

그러므로 니체는 예술작품의 형식을 실재의 서툰 표현 또는 반영을 저지하기 위한 수단으로 이해하고 있다. 다른 한편으로 가상의 세계는 예술적, 예술가적 형식에 의해서 기초 지어진다.

"오, 그리스인들! 그들은 산다는 것이 무엇인지를 이해하고 있었다. 살기 위해서는 용감하게 표피, 주름, 피부에 머물며 가상을 숭배하고 형식, 음조, 말 등 가상의 올림포스der Olymp des Scheins 전체를 믿어야 할 필요가 있었다. 그리스인들은 피상적이었지만 ─ 그것은 깊이에서 나온 것이었다!"(KSA III, 352).

피상적으로 존재한다는 것은 니체가 예술에 설정하고 있는 본질적 요구이다. "인간에게 덧없고 경솔하고 거짓된 것을 가르치는 것은 인간의 보존 본능이다." 왜냐하면 오류와 가상이란 삶의 기본조건이기 때문이다. 그것의 필연성은 예술가들에게 의식된다.

> "우리는 여기저기서 철학자들과 예술가들에게서 정열적이고 과장된 순수형식에 대한 숭배를 발견한다. 이와 같이 피상적인 것에 대한 숭배가 필요한 사람이 불행하게도 언젠가 그 피상적인 것 아래의 것을 선택했다는 사실에 대해서는 의심할 사람이 없을 것이다"(KSA V, 78).

가상의 숭배는 과학적, 금욕적 이상에, 즉 진리의 숭배에 경의를 표하지 않는다. 따라서 기만하고자 하는 확실한 예술가의 현존의 결과이다.

> "바로 거짓이 신성시되고 기만하려는 의지가 한쪽에서 선한 양심을 갖는 예술이야말로 과학보다도 훨씬 더 근본적으로 금욕주의적 이상에 대립하고 있다. 유럽이 지금까지 낳은 최대 예술의 적인 플라톤의 본능은 이것을 감지했다"(KSA V, 402).

니체에게는 예술가가 가상을 실재보다 더 고귀한 것으로 평가하는 것, 그리고 예술작품의 가상성격이 형식에 의해서 자연에 반하는 인간적인 법칙들에 따라 만들어짐으로써 먼저 달성된다는 것이 확실하다. 더욱이 주지하는 바와 같이 선입관념이 된 사유구조의 형식들 아래서의 내외적 세계의 단순화, 복종, 억압은 인간의 본질적인 특징이다. 세계는 논리적인 것으로 나타남으로써, 즉 논리적인 것으로 충동에 정복됨으로써 단순화된다.

> "예술가처럼 판단하고 행동하는 모든 유기체: 그것이 개별적인 고무와 자극들로부터 전체를 창출하며 많은 개별적인 것을 무시하며 단순화를 창출하고 동일시하며 그의 창조물을 존재하는 것으로 긍정한다. 논리적인 것은 이 세계를 논리적으로 만들고 우리의 판단에 합당하게 진행되게 하는 충동 그 자체이다"(KSA XI, 97).

마찬가지로 니체는 유고에서도 인간을 '형식을 형성하는 생물'로서, '리듬을 형성하는 생물'로서 이해한다. 더 나아가서 그는 다음과 같이 명확하게 기술한다.

> "인간은 모든 생기를 이 리듬 안에 투입한다. 그것은 인상들을 제 것으로 삼는 하나의 방식이다"(KSA X, 651).

그 점에 있어서 모든 인간은 감각세계의 인상들을 형식들과 리듬에 의하여 고려할 수 있고 그 인상들을 단순화한다. 그 밖에 내외적 세계의 자기화는 '단순성', '명료함', '규칙성'에 의하여 규정된다. 니체는 이러한 사실들로부터 논리와 아름다움의 정언명법과 같은 어떤 것을 추론해 낼 수 있었을 것이다.

> "그 본능은 강하기 때문에 우리의 모든 감각활동을 지배하고, 우리를 풍부하게 가득 찬 실제적인 지각으로 환원하고, 조정하고, 동화시키며, 단지 이렇게 정돈된 형태로 이 지각을 우리의 의식에 보여 주게 된다"(KSA X, 651).

이러한 방법적 절차는 '힘에의 의지의 형식', 즉 '인식으로서의 힘에의 의지'이다. 그것이 작용하는 방식은 인식되지 않고, 도식화되며, 우리에게 실천적 욕구를 충족시킬 만큼 규칙성과 형식들을 카오스에 부과하는 것이다.

> "생성에 존재의 성격을 새기는 것 ─ 그것은 최고의 힘에의 의지다"(KSA XII, 312).

여하튼 예술가는 이상적인 방식으로 형식들을, 즉 예술가 개인의 사물을 보는 관점(바라보는 방식)을 창조한다. 따라서 예술가는 뛰어날 정도로 세계를 단순화시키며 해석하는 사람이다. 그러므로 니체에게는 예술가가 일종의 정복자 및 입법기관으로 간주된다. 그의 목표는 인간의 인식 일반의 목표와 같이 세계의 변형이다. 니체는 이것을 『우상의 황혼』에서 '이상화'라고 부른다. 그것은 "주요 특징

들을 엄청나게 내몰아 버리는 일이다. … 그 때문에 다른 특징들이
사라져 버리는 것이다."

　형식을 채용하는 예술가는 사물들을 관념화하고, 단순화하고, 형
성하고자 함으로써 인간의 본질적 특성을 완성하고 찬양한다. 예술
가는 불가시적인 또는 독단적인 진리에 맞서 관념상의 가상에 우선
을 부여한다.

　　"덜 현실적일수록 가치는 더 커진다"(KSA XII, 253).

　니체에 의하면 예술작품의 가치는 척도, 대칭, 논리, 법칙, 협약에
의하여 결정된다.

　　"절제, 균형, 호감과 황홀한 기쁨을 주는 것에 대한 경멸, 무의식
　　적인 가혹함과 아침의 차가움, 마치 열정 앞에서는 예술을 몰락시
　　키기라도 하는 것처럼 열정을 회피하는 태도 …"(KSA II, 431).

　논리적으로 형성된 예술작품의 한결같음은 니체에게 수사학적인
것에 대한 대립이다. 사람들은 아마도 다음과 같이 말할 수 있을 것
이다. 즉 수다스럽고 장황하여 자만하는 예술작품이라고 말이다.

　　"또한 음악에도 논리학과 수사학이 양식의 법칙으로 존재한다.
　　바그너는 주제를 다룰 때 수사학자가 된다"(KSA VIII, 497).

니체가 주지하는 바와 같이 바그너의 가극이 드러내는 멜로디의 결여를 비판했던 것이 그에게는 법칙성의 결여와 동일시된다.

"선율은 법칙성에 대한 공공연한 기쁨과 생성 중인 것, 무형식적인 것, 자의적인 것에 대한 반감을 지니고 있기 때문에, 유럽의 구질서에서 흘러나오는 울림처럼 그리고 이 질서로 향하도록 유혹하여 그리로 돌아가게 하는 회귀처럼 들리게 된다"(KSA Ⅲ, 460).

니체는 결국 인습을 '스스로 부과한 구속' 또는 시인이 우선 '과거의 시민들'에 의하여 강요받은 '강제'로서 이해한다. 그러나 예술가는 인습에 덧붙여 새로운 강제를 발명해 내며 그것을 다시 자신에게 부과하여 우아하게 정복한다는 것이다. 그래서 강제와 승리는 사람들에게 인정받고 찬미된다. 예술가의 새로운 법칙들은 전승된 인습을 보충한다. 그때 예술가는 그 양자에 구속됨이 없이 복종하지 않을 수 없다. '구속되어 춤추는 것, 즉 스스로 일을 어렵게 만든 다음 쉬운 일인 듯한 착각을 덮어씌우는 것'은 교사의 좁은 도량 앞에서 관념적인 예술가를 한계 지운다. 니체에게는 예술가의 형식들이 소모될 수 있고 망가질 위험이 있다.

"형식과 반복의 다채로움에서 예술의 풍부함은 형식을 소비하게 하고 무디게 하는 단점을 지닌다. 예술가가 스스로 창조하지 않았거나 적어도 현존하는 형식들로부터 개선하지 않은 '빌린 형식'

들이 있다. 예를 들면 브람스가 빌린 형식들, 멘델스존Mendelssohn
의 교양 있는 프로테스탄티즘Protestantism의 전형적인 '아류typischer
Epigone'로서도. 이전의 '영혼'을 개작하다 …"(KSA XII, 285).

예술가가 형식들을 새로이 창조하는 데 전제는 형식들에서의 입법
기관으로서 이상적인 예술가를 두드러지게 하는 위대한 양식이다.

2

|

위대한 양식

예술에 바친 『우상의 황혼』에 수록된 약간의 문구들 가운데 한 문
구에서 니체는 건축의 테두리 내에서 또한 위대한 양식에 관해 이야
기하고 있다. 그와 동시에 권력과 안전에 대한 최고의 감정은 위대
한 양식을 지닌 예술가에게서 표현된다. 이 권력, 즉 위대한 양식은
자기 자신 안에서 인식하고 숙명적이며 법 중의 법인 권력 가운데
있다. 이 권력은 위대한 양식으로 자기에 대해 말한다.

"예술가의 위대함은 그가 이야기하는 '아름다운 감정들'에 의해
측정되지 않는다. 여자들이나 그렇게 믿을 일이다. 예술가의 위대
함은 그가 위대한 양식에 근접하는 정도에, 즉 위대한 양식에 대한

그의 능력 정도에 따라 측정되는 것이다"(KSA XIII, 246ff).

그러므로 니체에게 예술작품의 가치는 감상자의 감정적인 상태의 교육에 있는 것이 아니고, 위대한 양식의 최소한의 가능한 실현에 있다.

"이 양식은 마음에 들어 하는 것을 경멸적으로 물리쳐 버린다는 것, 설득하는 것을 망각한다는 것: 명령한다는 것: 의욕을 가진다는 것 … 등에서 위대한 열정과 공통점을 가진다"(KSA XIII, 246ff).

위대한 양식은 청중에게 성공과 실패에 관하여 마음을 쓴다. 위대한 양식은 청중의 주장들을 존경하지 않는다. '위대한 양식'은 예술가에게도, 청중에게도 '명령한다.' 인간이 바로 그 모습인 카오스를 지배한다는 것: 자신의 카오스에 형식이 되라고 강요하는 것: 형식으로 필연성이 되라는 것(KSA XIII, 246ff). 예술가는 그의 열정을 억제하며, 형식에 있어 그의 충동과 정서의 카오스를, 그가 '해머의 냉혹함'으로써 단순화하고, 양식화하고, 이상화함으로써 억누르지 않으면 안 된다.

"인간 안에는 피조물과 창조자가 하나로 결합되어 있다. 인간 안에는 소재, 파편, 과잉, 점토, 오물, 무의미, 혼돈이 존재한다. 그러나 또한 인간 안에는 창조자, 형성자, 해머의 냉혹함, 관망자적인 신성함과 제7일도 있다"(KSA V, 161).

형식에 의해 위대한 양식은 필연성이 된다. 형식은 수학과도 같이 확고하고 강제적이다. 형식은 모순을 견뎌 내지 못한다. 형식은 법칙이다.

"이 야심 때문에 사람들은 거부당한다. 그런 폭력자를 사랑하도록 자극하는 것은 아무것도 없다. 황량함과 침묵이 큰 불경에 대한 공포와도 같은 공포가 그를 둘러싸고 있다"(KSA XIII, 247).

그러므로 개체적 양식화를 지향하는 예술가적 창조력으로서 니체의 위대한 양식은 형식에 의해서 관찰될 수 있다. 예술작품에 있어 양식의 개체적이고 개별적인 계기가 결여할 경우 예술가는 의상 스타일을 임대하여 걸칠 것이다. 그러므로 니체는 19세기를 소용없는 여러 '스타일의 가장'으로 이해한다.

"우리가 19세기에 여러 의상 스타일의 가장을 성급하게 좋아하다가 변화시킨 사정을 한번 살펴보라, 그리고 우리에게 맞는 것이 '아무것도 없다'라고 절망한 순간을 생각해 보라! — 낭만적으로나 고전주의적으로나 그리스도교식으로나 플로렌스식으로나 바로크식으로나 민족주의적으로 나타내 보여도 아무 소용없는 일이다. 스타일에서나 기교에서도 이것은 잘 어울리지 않는다!"(KSA V, 157).

그러므로 본질적으로 말해서 니체에게 '형식으로 창조하는 것'은 형식의 대여도 아니고, 여기서 니체가 정복자 종족과 지배자 종족의 테두리 내에서 실현하는 형식의 표현도 아니다. 이것에 비해서 니체는 예술가를 위대한 스타일의 변호자로 간주한다.

> "간단히 말해 그들(정복자 종족과 지배자 종족)이 나타나는 곳에는 어떤 새로운 것, 즉 살아 있는 어떤 지배 조직이 성립된다. 이 지배 조직 안에서 여러 부분과 기능들은 한계가 정해지면서 관계를 이루고 있었고, 전체의 관점에서 하나의 의미가 삽입되어 있지 않은 것은 전혀 자리를 찾을 수 없다"(KSA V, 325).

예술가적으로 조직된 국가의 이러한 실례는 이상적인 예술작품에 관한 니체의 표상과 완전히 일치한다. '표현력을 억제하고 여러 가지 예술수단을 조직적으로 구사하는' 가운데 본래의 예술적 활동을 발견하는 법을 잊어버린 대중은 마침내 힘을 위한 힘, 색채를 위한 색채, 사상을 위한 사상, 영감을 위한 영감을 더 존중하게 될 것이 틀림없다. 따라서 대중이 예술작품의 여러 요소와 조건들을 격리하지 않으면 그것들을 즐길 수 없게 된다. 결국 예술가도 당연히 그 요소와 조건들을 분리해서 대중에게 내밀어야 하는 요청을 제시하게 될 것이다.

> "예술은 해체를 향하여 움직이며, 그때 ―물론 극히 교훈적인

일이지만— 예술의 실마리, 유년기, 불완전성, 한때의 대담성과 일
탈의 모든 단계를 가볍게 스쳐 지나간다. 예술은 멸망해 가면서 발
생과 생성을 해석한다"(KSA V, 325).

따라서 니체는 예술이 자연을 모방하는 원시적이고 비유기적인
시원始原으로 퇴화하는 것을 염려하고 있다. 이 시원은 당연히 예술
적으로 형성하는 힘, 즉 예술가적, 예술적 형성력을 포기하는 것을
필요로 한다.

니체는 이러한 종류의 '탈예술'을 바그너의 가극에서 입증해 보인
다. 바그너의 가극은 조직적으로 형성해 내지 못하는 자기 자신의
무능력과 양식의 무능력을 드러낸다(TDM, 132).

첫째, 바그너는 음악의 천성적이고 기본적인 것, 소리, 음화音畫
등을 도와 그것들에 새로운 권리를 얻게 했다. 왜냐하면 이것이 드
라마에 의하여 요구되었으며, 바그너는 어차피 이것 이외에 다른 음
악을 만들 수 없었기 때문이다.

둘째, 가극 자체가 바그너의 부족한 예술적 형성력을 드러내 보
인다. 왜냐하면 가극의 세 가지 요소들, 즉 무대, 시, 음악이 —이 세
가지 요소들 각각에 전체와의 관계에서의 의미가 설정된 대신에—
단지 병렬되어 있을 뿐이기 때문이다(TDM, 133).

바그너는 이러한 의미를 단지 역사를 통해서만, 즉 그의 드라마
의 내용을 통해서만 제시한다. 무대와 음악이 동시에 그의 드라마
의 내용을 풀어 나가면서 설명한다. 바그너는 음악과 무대를 통해

대본을 풀어 나간다(TDM, 133).

> "최고로 관심을 기울이며, 다른 것을 전혀 고려하지 않은 채 관
> 심을 기울이며 사물을 꾸미는 것, 근본적인 위조, 단순히 확인하고
> 인식하는 객관적 의미의 배제, 단순화, 전형적인 것의 강조 ― 의
> 미의 주입을 통한 제압에 대한 즐거움"(KSA XII, 226ff).

　그 점에서 예술작품은 외적 세계와의, 즉 실재와의 일치에 대한
요구를 내세우지 않기 때문에 항상 진실하다. 그것을 넘어서 세계
를 단순화하고 해석하는 것은 인간에게 있어 예술가 내면에서 가장
명백히 나타나는 본질적인 특징이다. 현실적인 예술가는 그의 양식
의지에 의하여 지시되는 예술작품의 형상화를 통해서 새로운 시계
視界방식을, 즉 사물의 새로운 관점을 창조하고, 그렇게 함으로써 딱
지가 앉은 진리들을 찢어 열어젖힌다.
　예술가들이 정말 변화시키고 변형시키는 한에서 예술가들은 생
산적이다. 인식자처럼 모든 것을 있는 그대로 놔두지는 않는다.

약어

|

게르만 신화: 안인희, 『게르만 신화, 바그너, 히틀러』, 민음사, 2003.
현대유럽철학: 정영도, 『현대유럽철학』, 이문사, 1987.

BB: M. Plüddemann, *Die Bühnenfestspiele in Bayreuth ihre Gegner und ihre Zukunft*.

Blätter: K. Grunsky, Dr. Alfred Lorenz, "Das Geheimnis der Form bei Richard Wagner," *Bayreuther Blätter*.

CW: Cosima Wagner, *Die Tagebücher*.

EH: F. Nietzsche, *Ecce Homo*.

Erinnerung: Ekkhatd Kroher, *Hörte jemand ich zu? Erinnerung an den Komponisten F. Nietzsche und seine Musik*.

FW: F. Nietzsche, *Die Fröhliche Wissenschaft*.

FWN: Wilhelm Furtwängler, *Der Fall Wagner frei nach Nietzsche*.

FN: Mario Leis, *Frauen um Nietzsche*.

GOA: F. Nietzsche, *Werke. Gesamtausgabe in Großoktav*.

HN: Martin Heidegger, *Nietzsche*.

Hofmiller: J. Hofmiller, "Nietzsche," *Süddeutsche Monatshefte* 29.

JN: Elisabeth Nietzsche, *Der Junge Nietzsche*.

KN: E. Friedell, *Kurturgeschichte des Neuzeit*.

KR: R. Wagner, *Die Kunst Und Revolution*.

Krieg: Manfred Eger, *Wenn ich Wagnern den Krieg mache* ···.

KWP: Hans Joachim Störig, *Kleine Weltgeschichte Der Philosophie*.

Leben FN: Elisabeth Nietzsche, *Das Leben Friedrich Nietzsche*.

MA: F. Nietzsche, *Menschliches, Allzumenschliches*.

MN: Curt Paul Janz, *Friedrich Nietzsche. Der Musikalische Naclaß*.

N: Ivo Frenzel, *Friedrich Nietzsche*.

NB: Curt Paul Janz, *Nietzsches Biographie*.

NCW: F. Nietzsche, *Nietzsche contra Wagner*.

NL: M. Montinari, *Nietzsche Leben*.

NP: Eugen Fink, *Nietzsches Philosophie*.

NPL: Thomas Mann, *Nietzsches Philosophie im Lichte unserer Erfahrung*.

NUP: Gilles Deleuze, *Nietzsche und die Philosophie*.

NW: Martin Vogel, *Nietzsche und Wagner*.

NWB: F. Nietzsche, *Ecce Homo*, F. Nietzsche Werke in 3 Bänden.

NWGZ: E. F. Podach, *Friedrich Nietzsches Werk des gestigen Zusammenbruchs*.

OD: Richard Wagner, *Oper und Drama*.

Overbeck u. Nietzsche: Peter Gast, "Peter Gast an Heinrich Gelzer am 2. 3. 1899," C. A.
Bernoulli, *Franz Overbeck und Friedrich Nietzsche*.

Rezeption: A. Baumler, "Der Wille zur Macht," *90 Jahre Nietzsche*.

Revision: B. Diebold, *Der Fall Wagner, Eine Revision*.

RS: B. Braeutigam, *Reflexion des Schönen*.

RW: M. Gregor-Dellin, *Richard Wagner*.

S: E. Kuh, "Professor Friedrich Nietzsche und David Strauß," *Literaturblatt 2*.

SD: Richard Wagner, *Sämtliche Schriften und Dichtungen*.

Studie: Theodor Puschmann, *Richard Wagner, eine psychiatrische Studie*.

SW: L. Feuerbach, *Sämtliche Werke IV*.

TDM: Franz-Peter Hudek, *Die Tyrannei der Musik*.

WMD: Richard Wagner, *Über an Wendung der Musik und Drama*.

WN: Dietrich Fischer–Dieskau, *Wagner und Nietzsche*.

WWV: Arthur Schopenhauer, *Die Welt als Wille und Vorstellung*.

Zeitschrift: H. Gelzer, "Jakob Bruckhard als Mensch und Leher," *Zeitschrift für Kulturgeschichte 7*.

• 니체 전집

KSA: F. Nietzsche, *Sämtliche Werke. Kritische Studienausgabe in 15 Bänden*.

KSA I: *Die Geburt der Tragödie*, *Unzeitgemäße Betrachtungen*, *Nachgelassene Schriften 1870–1873*.

KSA II: *Menschliches, Allzumenschliches* I, II.

KSA III: *Morgenröte, Die Fröhliche Wissenschaft.*

KSA IV: *Also Sprach Zarathustra.*

KSA V: *Jenseits von Gut und Böse, Zur Gnealogie der Moral.*

KSA VI: *Der Fall Wagner, Götzen Dämmerung, Ecce Homo, Nietzsche contra Wagner.*

KSA VII: *Nachlaß 1869-1874.*

KSA VIII: *Nachlaß 1875-1879.*

KSA IX: *Nachlaß 1880-1882.*

KSA X: *Nachlaß 1882-1884.*

KSA XI: *Nachlaß 1884-1885.*

KSA XII: *Nachlaß 1885-1887.*

KSA XIII: *Nachlaß 1887-1889.*

KGW: F. Nietzsche, *Werke. Kritische Gesamtausgabe in 39 Bänden.*

KGB: F. Nietzsche, *Briefe. Kritische Gesamtausgabe.*

NWB: F. Nietzsche, *Werke in 3 Bänden.*

참고문헌

|

1. 니체 전집

니체, 프리드리히, 『니체 전집』(전 21권), 정동호 외 번역 및 편집, 책세상, 2003.

Nietzsche, F., *Sämtliche Werke. Kritische Studienausgabe in 15 Bänden*, Hrsg. von Giorgio Colli und Mazzino Montinari, Berlin/New York 1980.

_____, *Werke. Kritische Gesamtausgabe in 39 Bänden*, Hrsg. von Giorgio Colli und Mazzino Montinari, Berlin/New York 1972.

_____, *Briefe. Kritische Gesamtausgabe*, Hrsg. von Giorgio Colli und Mazzino Montinari, Berlin/New York 1975.

_____, *Werke in 3 Bänden*, Hrsg. von Karl Schlechta, München/Wien 1956.

2. 니체와 바그너의 예술철학에 관한 참고문헌

안인희, 『게르만 신화, 바그너, 히틀러』, 민음사, 2004.
정동호, 『니체 철학의 현대적 조명』, 청람문화사, 1984.
정영도, 『니체의 사랑과 철학』, 서문당, 2006.
_____, 『현대유럽철학』, 이문사, 1987.

Braeutigam, B., *Reflexion des Schönen*, Bonn 1975.
Bülow, Hans von, *Brief und Schriften*, Band 5, Leipzig 1900.
Deleuze, Gilles, *Nietzsche und Philosophie*, Hamburg 1991.
Diebold B., *Der Fall Wagner, Eine Revision*, Frankfurt am Main 1928.
Drews A., *Die Ideen Gehalt von Richard Wagners dramatischen Dichtungen im Zusammen- hange mit seinem Leben und seiner Weltanschauung*, Leipzig 1931.
Eger, Manfred, *Wenn ich Wagnern den Krieg machen* ···, Wien 1988.

Fink, Eugen, *Nietzsches Philosophie*, Stuttgart/Berlin 1960.

Frenzel, Ivo, *Friedrich Nietzsche*, Reinbek bei Hamburg 1966.

Friedell, E., *Kulturgeschichte der Neuzeit*, München 1927.

Furtwängler, Wilhelm, "Der Fall Wagner frei nach Nietzsche," *Ton und Wort. Aufsätze und Vorträge*, Wiesbaden 1954.

Gast, Peter, "Peter Gast an Heinrich Gelzer am 2. 3. 1899," C. A. Bernoulli, *Franz Overbeck und Friedrich Nietzsche*, Jena 1908.

Gerhardt, Volker, *experimental Philosophie*, Hrsg. von M. Djuric, Würzburg 1986.

Griesser, L., *Nietzsche und Wagner*, Wien 1923.

Grunsky, K., Dr. Alfred Lorenz, "Das Geheimnis der Form bei Richard Wagner," *Bayreuther Blätter*.

Heidegger, Martin, *Nietzsche* I, II, Pfullingen 1961.

Hofmiller, J., "Nietzsche," *Süddeutsche Monatshefte* 29, München 1931.

Hudek, Franz-Peter, *Die Tyrannei der Musik*, Würzburg 1989.

Janz, Curt Paul, *Friedrich Nietzsche. Der Musikalische Naclaß*, Basel 1976.

_____, *Nietzsches Biographie* I, II, III, München/Wien 1978.

Kroher, E., "Hörte jemand ihr zu? Erinnerung an den Komponisten F. Nietzsche und seine Musik," *Musica* 31, 1977.

Kuh, E., "Professor Friedrich Nietzsche und David Strauß," *Literaturblatt* 2, Wien 1878.

Leis, Mario, *Frauen um Nietzsche*, Reinbek bei Hamburg 2000. 『니체가 사랑한 여성들』, 정영도 옮김, 한국문화사, 2015.

Mann, Thomas, *Nietzsches Philosophie im Lichte unserer Erfahrung*, Berlin 1948.

Montinari, Mazzino, *Nietzsche Lesen*, Berlin/New York 1982.

Nietzsche, Elisabeth, *Das Leben Friedrich Nietzsche* I, II, Leipzig 1934-1953.

_____, *Der Junge Nietzsche*, Leipzig 1912.

Nietzsche, F., "Ein Neujahrswort an den Herausgeber der Wochenschrift im Neuen Reich," *Musikalische Wochenblatt* von 17. 1. 1873.

_____, Werke. *Gesamtausgabe in Großoktav*, 1-19, Leipzig 1894.

Podach, E. F., *Friedrich Nietzsches Werk des Zusammenbruchs*, Heidelberg 1948.

Plüddemann, M., *Die Bühnenfestspiele in Bayreuth ihre Gegner und ihre Zukunft*, Kolberg 1877.

Puschmann, Theodor, *Richard Wagner, eine psychiatrische Studie*, Berlin 1872.

Störig, Hans Joachim, *Kleine Weltgeschichte Der Philosophie*, Stuttgart 1985.

Tappert, W., *Richard Wagner im Spiegel der Kritik*, Leipzig 1915.

Vogel, Martin, *Nietzsche und Wagner*, Bonn 1984.

Wagner, Cosima, *Die Tagebücher*, 2 Bände, München 1966–1977.

Wagner, Richard, *Oper und Drama*, Leipzig 1852.

_____, *Über die Anwendung der Musik auf das Drama*, 1879.

니체 vs 바그너